Sicurezza Informatica Pratica

Scopri come proteggerti da frodi, phishing, ransomware, hacker e ladri d'identità

Indice

Introduzione

- La crescente importanza della sicurezza informatica per tutti
- Perché questo libro è utile anche se non sei un tecnico
- Come navigare nel libro per ottenere il massimo della protezione

Capitolo 1: Introduzione alla Sicurezza Informatica

- Che cos'è la sicurezza informatica
- Le minacce più comuni nel mondo digitale
- Perché tutti dovrebbero preoccuparsi della propria sicurezza online
- Come proteggere i tuoi dati e la tua privacy

Capitolo 2: Proteggere il Tuo Computer e Smartphone

- Fondamenti della protezione dei dispositivi
- Importanza del software antivirus e antimalware
- Come scegliere un buon antivirus e mantenerlo aggiornato
- Proteggere i dispositivi mobili: smartphone e tablet

Capitolo 3: Le Password: La Prima Linea di Difesa

- Come creare password sicure e facili da ricordare
- La psicologia delle password e come evitarle comuni errori
- L'importanza di non usare la stessa password per più account
- Come utilizzare un gestore di password per semplificare la sicurezza

Capitolo 4: Autenticazione a Due Fattori (2FA)

- Cos'è l'autenticazione a due fattori e come funziona
- I vantaggi dell'uso di 2FA per proteggere i tuoi account online
- Come configurare 2FA su i principali siti web e servizi
- App di autenticazione vs SMS: qual è la scelta migliore?

Capitolo 5: Difendersi dal Phishing

- Cos'è il phishing e come riconoscerlo

- Come identificare email e messaggi di phishing
- Proteggere le informazioni sensibili: cosa fare se cadi vittima di phishing
- Strategie per evitare truffe online tramite email

Capitolo 6: Frodi Online e Truffe Comuni

- Panoramica sulle principali truffe online: e-commerce, truffe bancarie, e-mail truffaldine
- Come evitare le truffe dei falsi prestiti e degli investimenti
- Riconoscere i segnali di una frode: siti web e offerte sospette
- Cosa fare se pensi di essere stato truffato online

Capitolo 7: Proteggere le Transazioni Online

- La sicurezza dei pagamenti digitali: carte di credito, PayPal e cripto valute
- Come effettuare acquisti sicuri su internet
- L'importanza della crittografia nei pagamenti online
- Monitoraggio delle transazioni per evitare frodi

Capitolo 8: Sicurezza della Tua Rete Wi-Fi Domestica

- Come configurare un router Wi-Fi sicuro

- Le migliori pratiche per proteggere la rete Wi-Fi
- L'importanza di scegliere una password complessa per il Wi-Fi
- Come evitare accessi non autorizzati alla tua rete domestica

Capitolo 9: L'Importanza di Aggiornamenti e Patch

- Perché aggiornare regolarmente software e sistemi operativi
- Come configurare gli aggiornamenti automatici per la sicurezza
- Rischi di non installare le patch di sicurezza
- Come gestire gli aggiornamenti su dispositivi mobili

Capitolo 10: Uso Sicuro di Wi-Fi Pubblici e VPN

- I rischi di utilizzare reti Wi-Fi pubbliche
- Cos'è una VPN e come protegge la tua connessione
- Come configurare una VPN su computer e dispositivi mobili
- Best practices per navigare in sicurezza su reti Wi-Fi non sicure

Capitolo 11: Difesa contro il Ransomware

- Cos'è il ransomware e come funziona

- Come proteggersi da ransomware con backup regolari
- Cosa fare se il tuo computer viene infettato da ransomware
- Strumenti e software per decriptare i file dopo un attacco

Capitolo 12: Protezione da Hacker e Furto di Identità

- Come gli hacker rubano le tue informazioni personali
- Proteggere il tuo dispositivo da attacchi hacker
- L'importanza di un firewall e della protezione antivirus
- Come monitorare la tua identità online

Capitolo 13: Sicurezza nelle Comunicazioni Online

- Come proteggere le tue email e conversazioni
- L'uso della crittografia nelle comunicazioni
- App di messaggistica sicura: come scegliere quella giusta
- Come evitare i pericoli del social engineering

Capitolo 14: Sicurezza nei Social Media

- Proteggere i tuoi profili social da hacker e truffatori

- Come configurare le impostazioni di privacy su Facebook, Instagram, e LinkedIn
- I rischi dei social media e come ridurre la tua esposizione
- Evitare truffe e attacchi via social network

Capitolo 15: Protezione dei Dati Personali

- Come proteggere i tuoi dati sensibili online
- La privacy dei dati: come evitare che vengano venduti o rubati
- Importanza dei servizi di crittografia per la protezione dei dati
- Come monitorare il furto d'identità

Capitolo 16: Gestione Sicura delle Informazioni Sensibili

- Come proteggere documenti e file importanti
- La cifratura dei file: cosa è e come usarla
- Utilizzo di cloud storage sicuri e protetti
- Come proteggere le informazioni bancarie e aziendali

Capitolo 17: Prevenire le Truffe con i Dispositivi Mobili

- I pericoli delle app mobili non sicure

- Come mantenere sicuri smartphone e tablet
- Proteggere le informazioni private nelle app di messaggistica
- Sicurezza nelle operazioni bancarie mobili

Capitolo 18: Prevenzione degli Attacchi di Social Engineering

- Cos'è il social engineering e come evitarlo
- Riconoscere tecniche di manipolazione psicologica usate dagli hacker
- Come evitare di cadere in trappola durante una telefonata o messaggio

Capitolo 19: Monitorare e Rispondere a Incidenti di Sicurezza

- Come rilevare se sei stato vittima di un attacco
- Strumenti per il monitoraggio della sicurezza informatica
- Cosa fare in caso di violazione della sicurezza
- La procedura per ripristinare l'accesso e proteggere i dati

Capitolo 20: Educazione e Consapevolezza sulla Sicurezza Informatica

- Come sensibilizzare te stesso e la tua famiglia sulla sicurezza online
- L'importanza della formazione continua sulla sicurezza
- Risorse utili per rimanere aggiornati sulle minacce

Capitolo 21: Le Leggi sulla Privacy e la Sicurezza Informatica

- Panoramica delle leggi sulla protezione dei dati (GDPR, CCPA, ecc.)
- Come le normative influenzano la protezione dei tuoi dati
- Come proteggere i tuoi dati in conformità con la legge
- Cosa fare se i tuoi diritti vengono violati

Capitolo 22: Il Futuro della Sicurezza Informatica

- Le nuove minacce che ci aspettano nel futuro
- Come le tecnologie emergenti (AI, Blockchain) stanno cambiando la cyber security
- Come prepararsi alle minacce future: proattività e innovazione

Conclusioni

- Riassunto delle principali misure di protezione

- La sicurezza come parte della nostra vita quotidiana
- Come continuare a proteggere te stesso nel mondo digitale

Appendice

- Glossario dei termini di sicurezza informatica
- Domande frequenti (FAQ)
- Risorse utili e link per ulteriori approfondimenti

Introduzione

La crescente importanza della sicurezza informatica per tutti

La sicurezza informatica, una volta considerata un argomento di interesse esclusivo per gli esperti del settore tecnologico, è oggi una preoccupazione di vitale importanza per chiunque utilizzi dispositivi elettronici connessi a Internet. Nel corso degli ultimi decenni, la nostra vita quotidiana è diventata sempre più digitalizzata, e con essa, le nostre informazioni personali, finanziarie, professionali e sociali sono diventate vulnerabili agli attacchi di criminali informatici. Non si tratta più di una questione che riguarda solo le aziende o le grandi istituzioni: ogni individuo, in ogni parte del mondo, è potenzialmente un obiettivo di cyber attacchi.

Perché la sicurezza informatica è una priorità crescente

La crescente digitalizzazione delle nostre attività ha portato vantaggi incredibili, ma ha anche aperto la porta a nuovi rischi. Siamo costantemente connessi tramite smartphone, computer, dispositivi indossabili, e perfino oggetti "smart" come frigoriferi, orologi e termostati. Ogni volta che interagiamo con questi dispositivi, creiamo una traccia digitale, e quella traccia può essere sfruttata contro di noi da malintenzionati.

Gli attacchi informatici, che un tempo erano relativamente rari e riservati a target specifici, sono diventati più comuni e sofisticati. L'uso di malware, phishing, ransomware e altre tecniche ha reso la sicurezza informatica una questione urgente per ogni utente di tecnologia. I crimini informatici non solo danneggiano singoli individui, ma minano anche la fiducia nel sistema economico e sociale globale, causando danni che possono andare dalle perdite economiche a violazioni della privacy, fino a danni irreparabili alla reputazione.

Molte persone non si rendono conto di quanto siano vulnerabili online. Le informazioni che condivideremmo normalmente a voce o su carta vengono ora conservate in formato digitale e spesso su piattaforme non sempre sicure. Ogni volta che si naviga su internet, si fanno acquisti online, si comunicano informazioni via email o si interagisce sui social media, lasciamo dietro di noi una serie di dati che possono essere sfruttati da attori malintenzionati.

Perché questo libro è utile anche se non sei un tecnico

In passato, la sicurezza informatica veniva vista come una questione tecnica che riguardava solo gli esperti in informatica o i professionisti della cyber security. Tuttavia, la realtà attuale è che **tutti** siamo coinvolti in qualche forma di sicurezza digitale. Ecco perché è essenziale che ogni persona, indipendentemente dal proprio livello di conoscenza tecnologica, comprenda le basi della sicurezza informatica.

Molti degli attacchi informatici più diffusi sono **psicologici** e sfruttano errori umani, piuttosto che sfruttare esclusivamente le vulnerabilità tecniche. I criminali informatici cercano il punto debole più semplice da manipolare: l'utente. Fino a qualche anno fa, una persona che non fosse un esperto di computer poteva sentirsi impotente di fronte a questi attacchi. Oggi, tuttavia, ci sono risorse (come questo libro) che rendono accessibili concetti e tecniche che, pur non essendo particolarmente complicati, possono fare una grande differenza nel proteggersi.

La sicurezza informatica per tutti

Questo libro non presuppone che tu sia un esperto di informatica o un tecnico. Al contrario, è pensato per chiunque voglia imparare a proteggere i propri dati, la propria privacy e i propri dispositivi da minacce informatiche. Spesso, la protezione di sé stessi online è una questione di **comportamento consapevole** e di **buone abitudini**, piuttosto che di conoscenze tecniche avanzate. Ad esempio, riconoscere una truffa via email, usare password sicure o sapere come configurare correttamente le impostazioni di privacy su un social media sono azioni che chiunque può apprendere e mettere in pratica, senza necessità di essere un esperto.

La facilità di applicazione dei concetti

Il nostro obiettivo è rendere i concetti di sicurezza informatica **accessibili** a tutti, in modo che possano essere applicati quotidianamente. Attraverso spiegazioni semplici e chiare, il libro ti guiderà nei principali aspetti della protezione online, tra cui la gestione delle password, l'identificazione dei rischi legati a internet, le modalità di protezione dei dispositivi mobili e come evitare le minacce più comuni come il phishing, il furto d'identità e il ransomware.

Gli obiettivi del libro

L'obiettivo principale di questo libro è di **fornirti gli strumenti necessari** per navigare in modo sicuro nel mondo digitale, proteggendo i tuoi dati e la tua privacy. Non è necessario diventare esperti di sicurezza per proteggere se stessi e i propri cari online, ma è fondamentale essere consapevoli dei rischi e sapere come adottare le misure preventive per ridurre al minimo le minacce.

Come navigare nel libro per ottenere il massimo della protezione

Questo libro è strutturato per accompagnarti passo dopo passo nel mondo della sicurezza informatica, partendo dai concetti di base fino ad arrivare a tematiche più avanzate. Tuttavia, non è necessario seguire ogni capitolo in ordine rigoroso: puoi scegliere di concentrarti sulle sezioni che ti interessano maggiormente o che senti più urgenti per la tua sicurezza personale.

Struttura del libro

Ogni capitolo è pensato per essere autonomo, in modo che tu possa leggere solo la parte che ti interessa senza sentirti sopraffatto. Ogni sezione contiene esempi pratici, spiegazioni chiare e suggerimenti facili da applicare, il che ti permetterà di iniziare immediatamente a migliorare la tua sicurezza informatica. A titolo di esempio, potresti iniziare imparando come proteggere il tuo smartphone, poi passare a scoprire le migliori pratiche per creare password sicure, e infine, se lo desideri, approfondire temi come la protezione delle informazioni bancarie online o l'utilizzo di software di sicurezza avanzati.

Cosa troverai nei capitoli principali

1. **I fondamenti della sicurezza informatica**: La sezione introduttiva spiega le basi della cybersecurity, i tipi di minacce più comuni (malware, phishing, ransomware, etc.) e come difendersi. Non richiede alcuna esperienza tecnica precedente.

2. **La gestione delle password e l'autenticazione a più fattori**: Questo capitolo è cruciale. Imparerai l'importanza di creare password robuste e sicure e come usare la verifica in due passaggi per proteggere i tuoi account online.

3. **Sicurezza dei dispositivi mobili**: Una sezione che esplora come proteggere i tuoi smartphone e tablet da attacchi e furti di dati.

4. **Navigare in modo sicuro su internet**: Scopri come evitare i siti web pericolosi, riconoscere i tentativi di phishing e utilizzare strumenti di protezione come VPN e software antivirus.

5. **Protezione della privacy sui social media**: Come configurare correttamente le impostazioni di privacy sui social media per evitare che i tuoi dati personali vengano sfruttati o rubati.

6. **La protezione dei dati bancari e finanziari**: In questa sezione, troverai suggerimenti su come proteggere le tue informazioni bancarie e su come evitare truffe online.

7. **Riconoscere e rispondere agli attacchi**: Un capitolo che ti aiuterà a identificare i segnali di un attacco informatico in corso e a sapere come reagire in modo efficace per minimizzare i danni.

Come ottenere il massimo dal libro

- **Non essere timido!** Se qualcosa non è chiaro, rileggilo. La sicurezza informatica può sembrare complessa, ma con pazienza diventerà più naturale.

- **Applicazione pratica**: Ogni volta che leggi un concetto nuovo, prova a metterlo subito in pratica. La teoria è utile, ma la sicurezza si costruisce con l'azione quotidiana.

- **Usa risorse esterne**: Il libro contiene suggerimenti per ulteriori letture, ma puoi anche cercare video tutorial e articoli online per approfondire ulteriormente ciò che impari.

L'obiettivo di questo libro è rendere la sicurezza informatica comprensibile e applicabile da chiunque. Non è necessario essere un tecnico, ma con le informazioni giuste, ogni lettore può diventare più sicuro e protetto nel vasto mondo digitale. Con una comprensione di base delle minacce e delle strategie di protezione, potrai ridurre significativamente il rischio di subire attacchi e vivere una vita digitale più tranquilla.

Capitolo 1

Introduzione alla Sicurezza Informatica

Che cos'è la sicurezza informatica

La **sicurezza informatica** è il campo della tecnologia che si occupa della protezione dei sistemi informatici, delle reti e dei dati da accessi non autorizzati, danni o attacchi che potrebbero compromettere la riservatezza, l'integrità e la disponibilità delle informazioni. Questo concetto si estende a tutte le risorse digitali, dai computer e dispositivi mobili ai server e alle infrastrutture di rete, e riguarda sia l'aspetto tecnico (come firewall, crittografia, software antivirus) che quello umano (come le pratiche sicure di navigazione e gestione delle password).

La sicurezza informatica non riguarda solo la protezione contro attacchi deliberati o malintenzionati, ma anche la gestione del rischio, che implica prevenire, rilevare, rispondere e recuperare da incidenti che potrebbero compromettere i sistemi informatici. In un mondo sempre più connesso, dove le informazioni digitali sono essenziali per la vita quotidiana, la sicurezza informatica diventa una priorità per individui, aziende e governi.

Gli obiettivi della sicurezza informatica

Il concetto di sicurezza informatica si basa su tre principi fondamentali, noti come la **triade CIA**:

1. **Confidenzialità**: Garantire che solo le persone autorizzate abbiano accesso alle informazioni sensibili. Ad esempio, le informazioni bancarie o i dati personali non devono essere divulgati a terzi non autorizzati.

2. **Integrità**: Assicurarsi che i dati siano accurati e non siano stati modificati in modo illecito. Se i dati sono alterati, ad esempio da un attacco hacker, la loro utilità e affidabilità vengono compromesse.

3. **Disponibilità**: Garantire che i sistemi e i dati siano disponibili per l'uso quando necessari, evitando interruzioni dei servizi. Ad esempio, un attacco che rende inaccessibile un sito web o un servizio online può causare danni economici o reputazionali.

Questi principi sono alla base di tutte le misure di sicurezza informatica adottate per proteggere i dispositivi, i dati e le reti da attacchi o danni.

Le aree della sicurezza informatica

La sicurezza informatica è un campo ampio e multi acetato, che include diversi settori:

- **Sicurezza delle reti**: Protegge le comunicazioni e le trasmissioni di dati su reti informatiche. Tecniche come il firewalling, la crittografia e la segmentazione della rete sono usate per impedire accessi non autorizzati e garantire che i dati viaggino in modo sicuro.

- **Sicurezza applicativa**: Riguarda la protezione delle applicazioni e dei software da vulnerabilità e attacchi. Le applicazioni non protette o mal progettate possono diventare veicoli per malware o per la violazione dei dati.

- **Sicurezza delle informazioni**: Si concentra sulla protezione dei dati sensibili e riservati, indipendentemente dal fatto che si trovino su un dispositivo, in un database o durante la trasmissione.

- **Gestione della sicurezza operativa**: Riguarda le politiche e le pratiche utilizzate per monitorare, gestire e proteggere continuamente i sistemi e i dati.

- **Sicurezza del cloud**: Protegge i dati che sono archiviati in ambienti di cloud computing, e implica tecniche per garantire la sicurezza dei dati sia a riposo che in movimento.

Le minacce più comuni nel mondo digitale

Nel panorama attuale della sicurezza informatica, le minacce sono varie e in continua evoluzione. I criminali informatici, noti anche come **hacker** o **cyber criminali**, utilizzano tecniche sempre più sofisticate per accedere a sistemi informatici, rubare dati sensibili o causare danni. Le minacce più comuni includono:

1. Malware

Il **malware** (abbreviazione di "malicious software") è un software dannoso progettato per danneggiare o accedere a un dispositivo senza il consenso dell'utente. Il malware può assumere varie forme, tra cui virus, trojan, worm, spyware, ransomware e adware. Ogni tipo di malware ha uno scopo specifico, ma tutti condividono l'obiettivo di compromettere la sicurezza di un sistema.

- **Virus**: Un tipo di malware che si diffonde quando l'utente apre un file infetto o esegue un programma dannoso.

- **Trojan**: Software che si maschera da programma legittimo ma, una volta attivato, permette a un attaccante di accedere al dispositivo.

- **Ransomware**: Malware che cripta i file del computer e chiede un riscatto per il loro recupero.

- **Worms**: Programmi autonomi che si diffondono attraverso le reti e sfruttano le vulnerabilità del sistema.

- **Spyware**: Software progettato per raccogliere segretamente informazioni sull'utente senza il suo consenso.

2. Phishing

Il **phishing** è una tecnica di ingegneria sociale utilizzata per ingannare gli utenti al fine di ottenere informazioni personali, come username, password, numeri di carta di credito o altre informazioni sensibili. Gli attaccanti inviano email, messaggi o siti web falsi che sembrano provenire da fonti legittime (come banche, social media o negozi online) per convincere l'utente a inserire i propri dati personali.

3. Attacchi DDoS (Distributed Denial of Service)

Gli **attacchi DDoS** sono progettati per rendere un sito web o un servizio online irraggiungibile, sovraccaricando il server con un numero eccessivo di richieste. Questi attacchi sono spesso lanciati da reti di computer compromessi, che vengono utilizzati per inviare traffico al sito bersaglio in modo che non possa rispondere legittimamente alle richieste degli utenti.

4. Furto di identità

Il **furto d'identità** si verifica quando un attaccante raccoglie informazioni personali (come numero di sicurezza sociale, numero di carta di credito, indirizzo email e altro) e le usa per impersonare la vittima. Questa informazione viene spesso utilizzata per ottenere vantaggi finanziari o per compromettere i conti bancari della vittima.

5. Attacchi di ingegneria sociale

L'ingegneria sociale è l'arte di manipolare le persone affinché compiano azioni che compromettono la sicurezza. Questi attacchi sfruttano la psicologia umana per ottenere informazioni riservate. Esempi di attacchi di ingegneria sociale includono:

- **Vishing**: phishing tramite telefono.
- **Pretexting**: l'attaccante crea un falso pretesto per raccogliere informazioni dall'utente.
- **Baiting**: promette qualcosa di allettante (ad esempio, un premio) in cambio di informazioni riservate.

6. Exploit di vulnerabilità

Gli **exploit** sfruttano vulnerabilità nel software, hardware o nelle reti. Gli attaccanti cercano di sfruttare bug o difetti nel sistema per ottenere accesso non autorizzato. Questi attacchi possono essere difficili da prevenire, poiché le vulnerabilità vengono spesso scoperte solo dopo che sono state sfruttate.

Perché tutti dovrebbero preoccuparsi della propria sicurezza online

Nel mondo digitale odierno, ogni persona è potenzialmente a rischio di subire un attacco informatico. Le minacce non riguardano solo le grandi aziende o i governi, ma anche gli individui che navigano su internet quotidianamente. Ecco perché la sicurezza informatica dovrebbe essere una preoccupazione di tutti:

1. I rischi per la privacy

Ogni volta che navighiamo su internet, ci lasciamo dietro una scia di dati che possono essere sfruttati da attori malintenzionati. Le nostre abitudini online, le nostre comunicazioni via email, i dettagli bancari e le informazioni sui social media sono tutte potenzialmente vulnerabili. La protezione della **privacy** personale è diventata una delle principali preoccupazioni, con il rischio che i nostri dati vengano rubati, utilizzati senza il nostro consenso o venduti a terzi.

2. Perdita finanziaria

Gli attacchi informatici non sono solo dannosi dal punto di vista della privacy; possono anche portare a **perdite finanziarie** dirette. Ad esempio, un attacco di **phishing** potrebbe portare al furto dei dati della carta di credito, che a sua volta può tradursi in acquisti non autorizzati. Il **ransomware**, che criptopa i file di un dispositivo, può costringere le vittime a pagare un riscatto per sbloccare i propri dati.

3. Reputazione compromessa

La reputazione online è diventata cruciale sia per le persone che per le aziende. Un attacco che compromette i dati o le informazioni private può causare danni duraturi alla **reputazione** di un individuo o di un'organizzazione. Inoltre, le vittime di cybercrimini potrebbero affrontare una perdita di fiducia da parte dei propri amici, colleghi e clienti, con conseguenze gravi per le loro relazioni personali e professionali.

4. Accesso non autorizzato ai dispositivi

Con la crescita dei dispositivi mobili, dei computer e degli oggetti connessi (IoT), gli attacchi informatici possono compromettere non solo i dati online, ma anche i dispositivi fisici. La perdita di **controllo sui dispositivi** può significare che un attaccante possa raccogliere informazioni personali, monitorare attività e persino prendere il controllo remoto di telecamere, microfoni e altre periferiche.

5. Vulnerabilità nei servizi online

Molti servizi online, tra cui social media, email e piattaforme di pagamento, sono bersagli frequenti degli attacchi. Se le credenziali di accesso a questi servizi vengono compromesse, l'attaccante può ottenere l'accesso a informazioni sensibili o eseguire azioni dannose.

Come proteggere i tuoi dati e la tua privacy

La protezione della sicurezza informatica è una responsabilità condivisa: sia le aziende che gli individui devono fare la propria parte per proteggere i dati e la privacy. Tuttavia, molte delle misure preventive possono essere implementate direttamente dall'utente. Ecco alcuni dei passi più efficaci che puoi intraprendere per proteggere i tuoi dati online:

1. Usa password sicure e uniche

Le password sono la prima linea di difesa contro gli attacchi informatici. Le password deboli, come quelle facili da indovinare (ad esempio "123456" o "password") o riutilizzate su più account, sono un invito aperto per i criminali. Per proteggere i tuoi account:

- Crea password lunghe e complesse, combinando lettere, numeri e simboli.
- Utilizza password diverse per ogni account.
- Considera l'uso di un **gestore di password** per archiviare e generare password sicure.
- Attiva l'**autenticazione a due fattori** (2FA) ogni volta che è possibile per aggiungere un ulteriore livello di sicurezza.

2. Aggiorna regolarmente software e dispositivi

Molti attacchi informatici sfruttano **vulnerabilità** nei sistemi operativi e nelle applicazioni. Le **patch di sicurezza** vengono rilasciate regolarmente per correggere questi difetti. Mantieni sempre aggiornati:

- Il sistema operativo del computer e dello smartphone.
- Le applicazioni e i software di sicurezza, come antivirus e firewall.
- Le app sui tuoi dispositivi mobili.

3. Fai attenzione alle email e ai link sospetti

Il **phishing** è una delle minacce più comuni. Non cliccare mai su link sospetti e non aprire allegati provenienti da fonti non verificate. Se ricevi un'email che sembra provenire da una banca, un'azienda o un'altra fonte affidabile, verifica sempre che il mittente sia legittimo prima di rispondere o cliccare su qualsiasi link.

4. Usa la crittografia

La **crittografia** è una delle tecniche più efficaci per proteggere i dati. Assicurati di:

- Utilizzare la crittografia per proteggere i tuoi file sensibili.
- Attivare la crittografia per le comunicazioni via email quando possibile.

5. Limita la condivisione di informazioni sui social media

Evita di condividere troppe informazioni personali sui **social media**. Imposta il livello di privacy sui tuoi account per controllare chi può vedere le tue informazioni.

6. Usa connessioni sicure

Quando navighi su internet, cerca sempre di utilizzare **connessioni sicure** (https://) per proteggere i tuoi dati. Inoltre, se utilizzi reti Wi-Fi pubbliche, evita di accedere a informazioni sensibili senza l'uso di una **VPN** (Virtual Private Network).

In questo modo, puoi proteggere meglio te stesso e i tuoi dati, riducendo il rischio di cadere vittima di attacchi informatici e proteggendo la tua privacy online.

Capitolo 2

Proteggere il Tuo Computer e Smartphone

Fondamenti della protezione dei dispositivi

Oggi, il nostro computer e smartphone non sono solo strumenti di comunicazione e intrattenimento, ma anche contenitori di informazioni vitali. I dispositivi digitali memorizzano dati sensibili come dettagli bancari, password, foto personali e molto altro. Di conseguenza, proteggerli adeguatamente è essenziale per prevenire furti, danneggiamenti o perdite di dati. La sicurezza dei dispositivi non è solo una questione di installare software di protezione, ma di adottare un approccio a 360 gradi che comprenda anche una gestione consapevole e una serie di buone abitudini.

L'importanza di una protezione multilivello

La protezione di un dispositivo deve avvalersi di una strategia che copra diversi livelli di sicurezza. Oltre al software di protezione, è fondamentale fare attenzione ai comportamenti degli utenti e configurare correttamente i dispositivi per evitare vulnerabilità. Un sistema di protezione efficace deve comprendere:

1. **Misure preventive**: Consistono nell'adozione di buone pratiche di comportamento come l'uso di password sicure, la navigazione in modo

consapevole e l'adozione di tecnologie di protezione fisica, come la crittografia.

2. **Software di protezione**: Antivirus, antimalware, firewall e crittografia dei dati sono strumenti indispensabili per difendersi dalle minacce digitali.

3. **Aggiornamenti costanti**: Mantieni sempre aggiornato il sistema operativo, le applicazioni e il software di sicurezza, poiché le vulnerabilità vengono scoperte continuamente, e le patch di sicurezza sono necessarie per correggere queste falle.

4. **Backup dei dati**: Effettuare regolarmente il backup dei dati è fondamentale per proteggere i tuoi file nel caso in cui il dispositivo venga compromesso. I backup possono essere eseguiti su dispositivi esterni o nel cloud, riducendo il rischio di perdere informazioni importanti a causa di attacchi come ransomware o guasti hardware.

Protezione fisica

Oltre alla protezione digitale, è importante anche considerare la protezione fisica del dispositivo. Utilizzare password o impronte digitali per sbloccare i dispositivi, attivare il blocco schermo e utilizzare custodie sicure per i dispositivi mobili sono pratiche essenziali. Inoltre, evitare di lasciare il dispositivo incustodito in luoghi pubblici o di condividerlo con persone non fidate è un passo fondamentale nella protezione delle informazioni.

Importanza del software antivirus e antimalware

Cos'è l'antivirus e come funziona

Un **software antivirus** è progettato per rilevare, prevenire e rimuovere software dannoso, come virus, trojan, spyware e altri tipi di malware, che possono compromettere la sicurezza del dispositivo. Il malware è uno degli strumenti più comuni per attaccare i dispositivi, e gli antivirus sono una delle linee di difesa più importanti contro di esso.

Gli antivirus funzionano eseguendo un'analisi in tempo reale e in background dei file e dei programmi che si trovano nel dispositivo. Quando viene rilevato un malware, il software può:

- **Isolarlo**: Il malware viene messo in quarantena, impedendo che danneggi il sistema.
- **Rimuoverlo**: Il software elimina completamente il malware dal dispositivo.
- **Prevenire**: L'antivirus può impedire l'esecuzione di file dannosi scaricati o provenienti da fonti sospette.

Cos'è l'antimalware

Anche se spesso i termini "antivirus" e "antimalware" sono usati in modo intercambiabile, ci sono differenze tra i due. Il software **antimalware** è progettato per proteggere i dispositivi da una varietà più ampia di minacce rispetto ai tradizionali antivirus. Mentre gli antivirus sono focalizzati principalmente su virus e trojan, l'antimalware si concentra su tutte le forme di software dannoso, inclusi:

- **Adware**: Programmi che mostrano pubblicità invasive.

- **Spyware**: Software che raccoglie informazioni senza il consenso dell'utente.
- **Ransomware**: Malware che cripta i file e chiede un riscatto per decrittarli.
- **Worms**: Software che si replica autonomamente e si diffonde su altre macchine.

Mentre un antivirus può essere sufficientemente efficace contro alcune minacce, un antimalware è generalmente più completo, in quanto offre una protezione più ampia contro una varietà di attacchi.

Funzionamento dell'antivirus

Gli antivirus moderni utilizzano diverse tecniche per rilevare il malware:

1. **Firma del malware**: Gli antivirus confrontano i file del dispositivo con un database di firme di malware noti. Ogni programma dannoso ha una "firma" unica, che viene utilizzata per identificarlo.

2. **Analisi comportamentale**: Invece di cercare una firma specifica, l'antivirus osserva il comportamento dei programmi in esecuzione. Se un programma si comporta in modo sospetto (ad esempio, tenta di accedere a file sensibili o di infettare altri dispositivi), l'antivirus lo segnala come potenziale minaccia.

3. **Rilevamento euristico**: Si tratta di un metodo proattivo in cui l'antivirus cerca di individuare malware sconosciuti analizzando il codice dei file alla ricerca di caratteristiche sospette.

4. **Sand boxing**: I file sospetti vengono eseguiti in un ambiente isolato (una sandbox) dove non possono danneggiare il dispositivo. Questo consente di analizzare il comportamento di file sospetti prima di permettere loro di accedere al sistema.

Come scegliere un buon antivirus e mantenerlo aggiornato

Fattori da considerare nella scelta di un antivirus

Quando scegli un antivirus, è importante valutare diversi fattori per assicurarti che il software soddisfi le tue esigenze. Ecco alcuni degli aspetti chiave da considerare:

1. **Affidabilità e reputazione**: Scegli un software antivirus con una buona reputazione e recensioni positive da parte di esperti di sicurezza. Le aziende che sviluppano antivirus di alta qualità offrono anche report di test indipendenti che dimostrano l'efficacia del loro prodotto.

2. **Copertura per tutte le piattaforme**: Se usi diversi dispositivi, assicurati che l'antivirus offra protezione per tutte le piattaforme che utilizzi, inclusi Windows, macOS, Android e iOS.

3. **Prestazioni**: Un buon antivirus non dovrebbe rallentare significativamente il sistema. Scegli un software che abbia un impatto minimo sulle prestazioni, in modo da poter utilizzare il tuo dispositivo in modo efficiente.

4. **Funzioni aggiuntive**: Molti antivirus offrono funzionalità aggiuntive, come protezione contro il phishing, firewall, VPN (Virtual Private Network) e monitoraggio della privacy. Queste funzionalità possono offrire un ulteriore livello di protezione.

5. **Facilità d'uso**: L'interfaccia dovrebbe essere intuitiva e facile da navigare. Un buon antivirus dovrebbe consentire una gestione semplice delle impostazioni di protezione e degli aggiornamenti.

Come mantenere l'antivirus aggiornato

Per garantire che l'antivirus funzioni correttamente, è fondamentale mantenere il software sempre aggiornato. Gli sviluppatori rilasciano aggiornamenti regolari per migliorare le funzionalità e aggiornare le firme del malware. Senza questi aggiornamenti, l'antivirus potrebbe non essere in grado di proteggere contro le nuove minacce.

- **Aggiornamenti automatici**: Molti antivirus consentono di abilitare aggiornamenti automatici, così che il software si aggiorni senza che l'utente debba farlo manualmente. Attiva questa funzione per garantire che il dispositivo sia sempre protetto.

- **Controlli manuali**: In caso di dubbi, puoi eseguire un controllo manuale per assicurarti che il software sia aggiornato. La maggior parte degli antivirus offre un'opzione per eseguire un aggiornamento manuale.

Proteggere i dispositivi mobili: smartphone e tablet

I dispositivi mobili, come **smartphone** e **tablet**, sono diventati una parte integrante della nostra vita quotidiana, ma rappresentano anche un obiettivo principale per gli attacchi informatici. Poiché contengono molte informazioni sensibili e sono sempre connessi a Internet, è fondamentale proteggerli adeguatamente. La protezione di un dispositivo mobile non è solo una questione di installare antivirus, ma di adottare una serie di precauzioni per ridurre al minimo i rischi.

1. Usa una password o un altro metodo di sblocco sicuro

Molti dispositivi mobili offrono diverse opzioni per proteggere l'accesso. Oltre al PIN tradizionale, è possibile utilizzare il **riconoscimento facciale** o la **scansione dell'impronta digitale**. Utilizzare queste tecnologie di autenticazione aumenta la sicurezza dei dati, impedendo l'accesso non autorizzato in caso di smarrimento o furto del dispositivo.

2. Installa e aggiorna un software antivirus per dispositivi mobili

Come per i computer, anche i dispositivi mobili devono essere protetti da virus e malware. Esistono numerosi software antivirus specifici per dispositivi Android e iOS, che forniscono una protezione aggiuntiva contro le minacce. Questi antivirus offrono protezione contro il malware, il phishing, il furto di dati e altre minacce.

3. Evita il download di app da fonti non verificate

Gli **app store ufficiali** come Google Play Store e Apple App Store sono generalmente più sicuri rispetto a fonti di terze parti, poiché le app vengono verificate prima di essere rese disponibili. Evitare di scaricare app da fonti non ufficiali riduce il rischio di installare malware.

4. Utilizza una VPN (Virtual Private Network)

Quando ti connetti a reti Wi-Fi pubbliche, l'utilizzo di una **VPN** è altamente consigliato. Una VPN cripta la tua connessione, impedendo che i tuoi dati vengano intercettati da malintenzionati che potrebbero essere collegati alla stessa rete.

5. Proteggi i tuoi dati con il backup

Salva regolarmente una copia dei tuoi dati, come foto, documenti e app, su un servizio cloud o un dispositivo di backup esterno. Se il tuo dispositivo viene rubato o compromesso, puoi facilmente recuperare i tuoi dati.

6. Abilita la localizzazione e il controllo remoto

Funzioni come **"Trova il mio dispositivo"** (disponibile su iOS e Android) ti consentono di localizzare e bloccare il tuo dispositivo da remoto in caso di smarrimento o furto. Puoi anche cancellare i dati da remoto per proteggere la tua privacy.

7. Fai attenzione ai permessi delle app

Molte app richiedono permessi per accedere a funzionalità sensibili del dispositivo, come fotocamera, microfono o contatti. Prima di concedere questi permessi, valuta se sono veramente necessari per il corretto funzionamento dell'app. Se un'app richiede permessi non pertinenti, potrebbe essere un segno che non è sicura.

Capitolo 3

Le Password: La Prima Linea di Difesa

Le password sono la **prima linea di difesa** contro gli attacchi informatici. Ogni volta che accedi a un account online, che si tratti di e-mail, banca, social media o qualsiasi altro servizio, stai proteggendo le tue informazioni con una password. Se la tua password è debole o facilmente indovinabile, stai esponendo i tuoi dati a un rischio maggiore. In questo capitolo esploreremo come creare password sicure, evitare errori comuni e utilizzare strumenti che possano semplificare la gestione della sicurezza.

Come creare password sicure e facili da ricordare

La chiave per una password sicura è **combinare complessità e memorizzabilità**. Una password forte dovrebbe essere difficile da indovinare, ma anche facile da ricordare per te. Ecco alcuni suggerimenti per crearne una:

1. **Lunghezza e varietà di caratteri**: Una password lunga è generalmente più sicura di una breve. Idealmente, dovrebbe essere lunga almeno 12 caratteri e includere una combinazione di:
    - **Lettere maiuscole e minuscole**
    - **Numeri**
    - **Simboli speciali** (come @, #, &, %)

Più variabili utilizzi, più difficile sarà per i criminali informatici decifrare la password.

2. **Frasi di passaggio**: Un buon modo per creare una password sicura e facilmente memorizzabile è utilizzare una **frase di passaggio** (passphrase). Si tratta di una sequenza di parole casuali o una frase che ha un significato per te, ma che sarebbe difficile per altri da indovinare. Ad esempio: *"GattoCielo@2024!"* o *"Pizza Fresca! Sole"*

Le frasi di passaggio sono più sicure rispetto alle parole singole e più facili da ricordare, soprattutto se includi numeri e simboli.

3. **Evitare parole comuni**: Non usare parole comuni o sequenze facili da indovinare come "password", "123456", "qwerty" o combinazioni legate alla tua vita personale (come il nome del tuo cane o la tua data di nascita).

4. **Non usare parole troppo semplici**: Evita parole che si trovano in un dizionario o sequenze di caratteri facili da prevedere. Anche parole "banali" come "amore" o "benvenuto" sono rischiose, poiché gli attacchi informatici utilizzano **attacchi basati su dizionario**, che provano automaticamente tutte le parole comuni.

La psicologia delle password e come evitare i comuni errori

Le password sono anche una questione di psicologia. Molti utenti commettono errori comuni perché tendono a scegliere password che siano facili da ricordare per loro, ma che risultano deboli dal punto di vista della sicurezza. Alcuni degli errori più comuni includono:

1. **Riutilizzo delle stesse password**: È molto allettante usare la stessa password per più account per non

dover ricordare troppe combinazioni. Tuttavia, questo è uno degli errori più pericolosi che puoi fare. Se una delle tue password viene compromessa, tutti gli altri account che usano la stessa password sono vulnerabili. Utilizzare password uniche per ogni account è fondamentale per proteggere le tue informazioni.

2. **Usare informazioni facili da indovinare**: Un altro errore comune è l'uso di informazioni facilmente reperibili, come il nome del proprio partner, il compleanno, o il nome di un animale domestico. Sebbene queste possano essere facili da ricordare, sono altrettanto facili da indovinare, specialmente se un attaccante ha accesso a dettagli personali che potrebbero essere trovati sui social media.

3. **Non aggiornare regolarmente le password**: Molti utenti tendono a mantenere le stesse password per anni, finché non subiscono un attacco. È una buona pratica cambiare regolarmente le password, soprattutto per gli account sensibili come quelli bancari o legati alla salute. Le aziende stesse, infatti, implementano spesso politiche che obbligano a cambiare le password ogni pochi mesi per motivi di sicurezza.

4. **Ignorare l'autenticazione a due fattori (2FA)**: Un altro errore è non attivare la **autenticazione a due fattori** (2FA), un'opzione che aggiunge un ulteriore livello di sicurezza. La 2FA richiede che, oltre alla password, vengano forniti anche un altro fattore di autenticazione (ad esempio un codice inviato tramite SMS o un'app di autenticazione), rendendo l'accesso ai tuoi account molto più sicuro.

L'importanza di non usare la stessa password per più account

Il riutilizzo delle password è uno degli errori più comuni e pericolosi. Quando usi la stessa password per più account, se un attaccante riesce a scoprire una delle tue password, ha accesso a tutte le altre piattaforme che utilizzano quella stessa credenziale.

Immagina di utilizzare la stessa password per il tuo account di e-mail, il tuo negozio online e il tuo servizio bancario. Se un attaccante riesce a rubare la password della tua e-mail, potrebbe facilmente accedere a tutte le informazioni legate a quel servizio, e anche ad altri account, come quelli bancari, se usano la stessa password. Questo aumenta esponenzialmente il rischio di danni. Per proteggere adeguatamente i tuoi account, **devi usare password uniche per ogni piattaforma**.

Puoi evitare questo problema utilizzando un **gestore di password**, che rende facile memorizzare e generare password forti e uniche per ogni account.

Come utilizzare un gestore di password per semplificare la sicurezza

Un **gestore di password** è un'applicazione che archivia e gestisce le tue password in modo sicuro. Questi strumenti sono progettati per risolvere il problema di dover ricordare tutte le password complesse e uniche che hai creato per ciascun account. Ecco come un gestore di password può semplificare la gestione della sicurezza:

1. **Memorizzazione sicura**: Un gestore di password archivia tutte le tue credenziali in un luogo sicuro, criptato, dove solo tu puoi accedervi. Non devi più

preoccuparti di scrivere le password su fogli di carta o di memorizzarle mentalmente.

2. **Generazione automatica di password forti**: Molti gestori di password offrono una funzione di generazione automatica di password, che ti aiuta a creare password lunghe e complesse, senza il rischio di dimenticarle. Puoi anche scegliere il livello di complessità desiderato, assicurandoti che ogni password sia unica.

3. **Auto completamento**: Molti gestori di password si integrano con i browser e con le app per auto completare i campi delle password sui siti web. Questo elimina il rischio di digitare erroneamente una password e ti permette di navigare facilmente tra i tuoi account senza doverli cercare ogni volta.

4. **Accesso sicuro**: I gestori di password proteggono le tue informazioni con una **password principale**, che è l'unica password che devi ricordare. Perciò, è cruciale scegliere una password principale molto forte e sicura. Inoltre, molti gestori offrono l'autenticazione a due fattori (2FA) per aumentare ulteriormente la protezione.

Capitolo 4

Autenticazione a Due Fattori (2FA)

Cos'è l'autenticazione a due fattori e come funziona

Introduzione alla 2FA

L'autenticazione a due fattori (2FA, acronimo di **Two-Factor Authentication**) è una misura di sicurezza che aggiunge un ulteriore strato di protezione ai tradizionali sistemi di login, come le password. In pratica, la 2FA richiede che un utente fornisca due **elementi** separati di verifica prima di poter accedere a un account online o a un sistema protetto. Questi due fattori appartengono a tre categorie principali:

1. **Qualcosa che conosci**: La password o il PIN.
2. **Qualcosa che possiedi**: Un dispositivo fisico, come uno smartphone o una chiave di sicurezza.
3. **Qualcosa che sei**: L'autenticazione biometrica, come l'impronta digitale o il riconoscimento facciale.

L'adozione di un sistema di 2FA significa che, oltre alla password, l'utente dovrà fornire un secondo "fattore" di autenticazione, che può essere, ad esempio, un codice temporaneo inviato tramite SMS o generato da un'applicazione di autenticazione.

Come funziona la 2FA

Il processo di autenticazione a due fattori generalmente segue una sequenza simile:

1. **Primo fattore - La password**: L'utente inserisce la sua password nel sito web o nell'applicazione a cui sta cercando di accedere. Questo è il primo passo di verifica.

2. **Secondo fattore - Codice di verifica**: Una volta che la password è stata verificata, il sistema richiederà un secondo fattore. Questo può essere:

    - Un codice temporaneo generato da un'app di autenticazione, come Google Authenticator o Authy.
    - Un codice ricevuto tramite SMS o e-mail.
    - Una chiave di sicurezza hardware, come YubiKey o una chiave USB con supporto per la crittografia.
    - L'uso di un sistema biometrico, come il riconoscimento facciale o l'impronta digitale.

Se entrambi i fattori sono corretti, l'utente potrà accedere al sistema o all'account. Se uno dei due fattori non è valido, l'accesso verrà negato, anche se la password è corretta.

Perché l'autenticazione a due fattori è importante

Nel contesto della crescente minaccia informatica, l'autenticazione a due fattori diventa indispensabile. Le password da sole non sono più sufficienti a proteggere i nostri account online, in quanto possono essere facilmente compromesse. Con 2FA, anche se un malintenzionato riesce a ottenere la password di un account (ad esempio, tramite un attacco di **phishing**), non potrà accedere senza il secondo fattore di autenticazione, rendendo così il furto dei dati molto più difficile.

I vantaggi dell'uso di 2FA per proteggere i tuoi account online

1. Maggiore sicurezza contro gli attacchi di phishing

Il phishing è una delle tecniche più comuni utilizzate dagli hacker per ottenere accesso a informazioni sensibili. In un attacco di phishing, il malintenzionato cerca di ingannare l'utente inducendolo a fornire le proprie credenziali tramite un sito web o un'e-mail falsa. Anche se l'utente inserisce correttamente la sua password, senza il secondo fattore di autenticazione, l'accesso ai suoi account può essere comunque bloccato. La 2FA rende inefficaci gli attacchi di phishing, poiché l'accesso a un account richiede una verifica aggiuntiva che solo l'utente legittimo può completare.

2. Protezione contro il furto di password

Se un utente riutilizza la stessa password su più piattaforme, un attacco a una di queste piattaforme può compromettere anche gli altri account collegati. Con 2FA, anche se un hacker riesce a ottenere la password di un account, non avrà comunque accesso a causa del secondo fattore. Questo riduce notevolmente il rischio di danni a causa di password compromesse.

3. Difesa contro attacchi brute force

Gli attacchi di **brute force** sono tentativi automatici di indovinare una password mediante l'uso di software che testano milioni di combinazioni. Se la password è debole, un attaccante può indovinarla rapidamente. Tuttavia, con 2FA, anche una password debole diventa molto più difficile da sfruttare. Poiché l'attaccante dovrebbe anche avere accesso al secondo fattore (che è solitamente un codice temporaneo), l'accesso diventa molto più difficile.

4. Sicurezza per le applicazioni mobili e bancarie

Molti servizi bancari, app di pagamento e applicazioni mobili hanno cominciato a implementare la 2FA per garantire che i dati finanziari degli utenti siano protetti. Con il 2FA, anche se qualcuno ottiene il controllo del dispositivo mobile di un utente, non potrà accedere ai suoi account bancari senza il secondo fattore di autenticazione.

5. Facile implementazione

Anche se inizialmente l'adozione della 2FA potrebbe sembrare un processo complicato, la verità è che molti servizi online la rendono facile da configurare. La maggior parte delle piattaforme, come **Google**, **Facebook**, **Amazon** e **Dropbox**, offrono procedure di attivazione chiare e semplici. Molti anche offrono l'opzione di usare app di autenticazione, che rendono il processo ancora più sicuro e facile da gestire.

Come configurare 2FA sui principali siti web e servizi

L'implementazione della 2FA varia da piattaforma a piattaforma, ma generalmente il processo prevede alcuni passaggi simili. Di seguito vengono descritti i passaggi generali per configurare la 2FA su alcuni dei principali servizi online.

1. Google (Gmail, Google Drive, ecc.)

- Accedi al tuo account Google.
- Vai alla sezione "Sicurezza" nelle impostazioni dell'account.
- Seleziona "Verifica in due passaggi".
- Segui le istruzioni per configurare il secondo fattore. Puoi scegliere tra ricevere un codice via SMS, usare Google Authenticator, o una chiave di sicurezza.
- Completa il processo di configurazione, confermando che puoi ricevere il codice e che il tuo secondo fattore funzioni correttamente.

2. Facebook

- Accedi a Facebook.
- Vai alle Impostazioni di sicurezza e scegli "Impostazioni di sicurezza e accesso".
- Seleziona "Autenticazione a due fattori".
- Scegli il metodo di autenticazione che preferisci (SMS o un'app di autenticazione).
- Segui le istruzioni per attivare la 2FA.

3. Twitter

- Accedi a Twitter.
- Vai a "Impostazioni" > "Sicurezza e accesso" > "Autenticazione a due fattori".
- Scegli il metodo (SMS o app di autenticazione) e segui le istruzioni per configurarlo.

4. Amazon

- Accedi al tuo account Amazon.
- Vai alla sezione "Le tue impostazioni" e seleziona "Sicurezza dell'account".
- Clicca su "Autenticazione a due fattori" e segui le istruzioni per configurare la 2FA, scegliendo il metodo che preferisci (SMS, app di autenticazione o chiave di sicurezza).

App di autenticazione vs SMS: qual è la scelta migliore?

1. SMS come metodo di autenticazione

L'autenticazione via SMS è uno dei metodi più comuni utilizzati dai servizi online per implementare la 2FA. Dopo aver inserito la password, un codice temporaneo viene inviato al numero di telefono dell'utente tramite SMS. Questo codice deve essere inserito entro un breve periodo di tempo per completare l'accesso.

Vantaggi:

- Facile da configurare: Non richiede installazioni aggiuntive; basta avere un numero di telefono valido.
- Compatibile con la maggior parte dei dispositivi.

Svantaggi:

- Vulnerabilità ai furti di SIM: Gli hacker possono rubare la SIM dell'utente tramite un attacco di **SIM swapping**.
- Dipendenza dalla rete cellulare: Se il segnale è debole o se l'utente è all'estero, non potrà ricevere i codici via SMS.

2. App di autenticazione

Le **app di autenticazione**, come Google Authenticator, Authy, o Microsoft Authenticator, generano codici temporanei sul dispositivo dell'utente, che vengono usati per completare il processo di autenticazione. Questi codici cambiano ogni 30 secondi, garantendo che ogni codice sia valido solo per un breve periodo di tempo.

Vantaggi:

- Maggiore sicurezza: Gli app di autenticazione non dipendono dalla rete telefonica, quindi non sono vulnerabili agli attacchi di SIM swapping.
- Funzionano offline: Poiché i codici sono generati direttamente sull'app, non è necessario avere una connessione a Internet o un segnale cellulare per utilizzarli.

Svantaggi:

- Necessità di un dispositivo aggiuntivo: L'utente deve avere il proprio smartphone a portata di mano.
- In caso di smarrimento del telefono, il processo di recupero potrebbe richiedere un po' più di tempo.

Conclusione

L'autenticazione a due fattori (2FA) è una misura fondamentale per garantire la protezione dei tuoi account online contro minacce e attacchi informatici. Se usata correttamente, può significativamente ridurre il rischio di accessi non autorizzati, anche nel caso in cui la tua password venga compromessa. Scegliere il metodo di 2FA giusto (SMS o app di autenticazione) dipende dalle tue esigenze di sicurezza, ma in generale l'utilizzo di un'app di autenticazione offre una protezione superiore.

Non trascurare la sicurezza dei tuoi account online: implementare 2FA è uno dei modi più semplici e potenti per migliorare la tua protezione digitale.

Capitolo 5

Difendersi dal Phishing

Cos'è il Phishing e Come Riconoscerlo

Il **phishing** è una delle minacce informatiche più comuni e dannose. Consiste in un attacco in cui i truffatori si mascherano da entità affidabili (come banche, negozi online o amici) per ingannare le vittime e indurle a rivelare informazioni personali sensibili, come password, numeri di carte di credito, o dettagli bancari.

Come Funziona il Phishing

Il phishing può avvenire attraverso vari canali, tra cui e-mail, SMS (spear phishing), e persino messaggi sui social media. I truffatori creano falsi messaggi che sembrano provenire da aziende legittime e chiedono agli utenti di compiere azioni urgenti, come fare un login, aggiornare informazioni, o cliccare su un link. Questi messaggi sono progettati per sembrare reali, usando logo aziendali, indirizzi e-mail apparentemente legittimi e messaggi di allerta che spingono le persone ad agire senza riflettere.

Come Identificare Email e Messaggi di Phishing

1. Indirizzo e-mail sospetto:

- **Verifica l'indirizzo del mittente**: Anche se un'email sembra provenire da una fonte affidabile (ad esempio una banca), controlla sempre l'indirizzo e-mail. I truffatori spesso usano indirizzi simili ma leggermente modificati, come support@banca0.it invece di support@banca.it.

- **Controlla gli errori di ortografia**: Le e-mail di phishing spesso contengono errori grammaticali e ortografici che non si troverebbero in comunicazioni aziendali ufficiali.

2. **Messaggi urgenti o allarmanti:**

- **Frequenza di urgenza**: Spesso, le e-mail di phishing usano un linguaggio che crea urgenza, come "Il tuo account è stato sospeso" o "Clicca subito per evitare la sospensione".

- **Incoraggiamento a cliccare su link sospetti**: Questi messaggi spesso ti spingono a cliccare su link che ti reindirizzano a siti web falsi, progettati per sembrare autentici.

3. **Richiesta di informazioni personali o sensibili:**

- **Chiedere informazioni sensibili via e-mail**: Nessuna azienda legittima ti chiederà mai di inviare informazioni riservate (come numeri di carta di credito o password) via e-mail.

- **Link sospetti**: Passando il cursore sopra un link (senza cliccarlo), puoi vedere l'URL di destinazione. Se l'indirizzo web sembra sospetto, evita di cliccarci sopra.

4. **Assenza di personalizzazione:**

- **Messaggi generici**: Le e-mail di phishing spesso non sono personalizzate e utilizzano formule generiche come "Caro cliente" invece di "Caro [Nome]". Le aziende legittime tendono a personalizzare i messaggi per i loro clienti.

Proteggere le informazioni sensibili: cosa fare se cadi vittima di phishing

Se sei stato vittima di phishing e hai divulgato informazioni personali sensibili, agisci prontamente per limitare i danni:

1. Cambia subito le password:

- Se hai inserito le tue credenziali su un sito sospetto, modifica immediatamente la password di quel sito e di tutti gli altri che potrebbero utilizzare la stessa password.

2. Monitora i tuoi account bancari e carte di credito:

- Controlla le tue transazioni bancarie per individuare attività sospette. Se hai condiviso i dati della tua carta di credito, contatta la tua banca per bloccare la carta o sospendere temporaneamente l'account.

3. Verifica con l'azienda:

- Se hai ricevuto una comunicazione sospetta da un'azienda, contatta direttamente il servizio clienti (usando i numeri ufficiali, non quelli forniti nel messaggio di phishing) per verificare la legittimità della richiesta.

4. Segnala l'incidente:

- Segnala l'incidente alle autorità competenti e al provider del servizio coinvolto (ad esempio, il tuo provider di e-mail o la tua banca).

Strategie per evitare truffe online tramite email

Per evitare di cadere vittima del phishing, adotta queste precauzioni:

1. Usa l'autenticazione a due fattori (2FA):

- Come descritto nel capitolo precedente, abilitare 2FA aggiunge un ulteriore livello di sicurezza, riducendo il rischio di accesso non autorizzato anche se la tua password viene compromessa.

2. Non cliccare mai su link sospetti:

- Se ricevi una comunicazione che sembra provenire da un'azienda o un servizio, non cliccare direttamente sul link. Vai sul sito web ufficiale digitando l'indirizzo nel browser.

3. Mantieni aggiornato il software antivirus:

- Molti antivirus moderni includono funzionalità per rilevare e bloccare siti web di phishing, così come i messaggi sospetti.

4. Verifica sempre le richieste di informazioni personali:

- Non condividere mai informazioni riservate, come numeri di carta di credito o password, via e-mail o telefono, a meno che tu non sia assolutamente sicuro della legittimità della richiesta.

Capitolo 6: Frodi Online e Truffe Comuni

Panoramica sulle principali truffe online: e-commerce, truffe bancarie, e-mail truffaldine

Con la crescente dipendenza dal web per le transazioni quotidiane, le truffe online sono diventate sempre più comuni e sofisticate. Le truffe si verificano in molti ambiti, ma i più frequenti includono:

1. Truffe di e-commerce

- Le truffe nei negozi online sono tra le più comuni. Un truffatore crea un sito web che sembra legittimo, vendendo prodotti a prezzi molto bassi per attirare le vittime. Dopo il pagamento, però, i prodotti non vengono mai spediti.

2. Truffe bancarie

- **Phishing bancario**: I truffatori si spacciano per rappresentanti di una banca e cercano di raccogliere informazioni sensibili, come numeri di conto e credenziali bancarie.

- **Frodi su carte di credito**: Gli hacker possono rubare i dati della carta di credito e utilizzare il numero per effettuare acquisti non autorizzati.

3. Truffe via e-mail

- Le **e-mail truffaldine** vengono inviate a un gran numero di persone con l'obiettivo di rubare informazioni personali. Possono assumere la forma di offerte incredibili, vincite a concorsi non esistenti, o richieste di riscatto.

Come evitare le truffe dei falsi prestiti e degli investimenti

1. Prestiti fasulli:

- I truffatori offrono prestiti con condizioni incredibilmente favorevoli, ma chiedono una "tassa di apertura" anticipata. Una volta ricevuto il pagamento, spariscono senza erogare il prestito.

2. Truffe sugli investimenti:

- Le truffe sugli investimenti promettono ritorni molto elevati con un rischio minimo, ma si trattano di schemi di Ponzi o truffe piramidali. I truffatori richiedono il versamento di denaro in cambio di "investimenti" non esistenti.

Come Evitare:

- Diffida di offerte che sembrano troppo belle per essere vere.
- Verifica sempre la licenza dell'operatore, chiedendo di vedere la registrazione dell'ente finanziario presso le autorità competenti.

Riconoscere i segnali di una frode: siti web e offerte sospette

1. Siti web sospetti:

- **Controlla l'URL**: Un sito web legittimo avrà un URL che inizia con "https://" e presenta un lucchetto nella barra degli indirizzi.
- **Immagini e testi di bassa qualità**: Siti web truffaldini spesso presentano immagini pixelate o testi con errori grammaticali.

2. Offerte sospette:

- Le offerte che promettono guadagni facili o "sistemi per diventare ricchi in fretta" sono un chiaro segnale di truffa.

Cosa Fare se Pensi di Essere Stato Truffato Online

Se pensi di essere stato truffato online, la cosa migliore da fare è agire rapidamente:

1. **Segnala immediatamente la frode** alle autorità competenti.
2. **Blocca tutte le tue carte e conti bancari** se sono stati compromessi.
3. **Contatta le piattaforme online** coinvolte (come PayPal, Amazon, ecc.) per ottenere supporto e cercare di recuperare i fondi.

Capitolo 7

Proteggere le Transazioni Online

La Sicurezza dei Pagamenti Digitali: Carte di Credito, PayPal e Cripto valute

1. Carte di Credito

Le carte di credito sono uno dei metodi di pagamento più utilizzati per le transazioni online. Sebbene siano molto convenienti, presentano anche dei rischi, come il furto dei dati della carta, l'accesso non autorizzato e le frodi. Tuttavia, esistono misure per ridurre al minimo questi rischi.

Proteggere le carte di credito online:

- **Autenticazione a due fattori (2FA)**: Molti istituti bancari e circuiti di pagamento offrono l'adozione di 2FA per proteggere ulteriormente l'accesso e le transazioni.

- **Carte virtuali**: Molti istituti bancari e servizi di pagamento online offrono carte di credito virtuali, che sono carte temporanee create per effettuare acquisti sicuri su internet. Queste carte non sono legate direttamente al tuo conto bancario, limitando il rischio di frodi.

- **Controllo delle transazioni**: Esamina regolarmente l'estratto conto della carta per individuare eventuali addebiti non autorizzati. Puoi anche utilizzare strumenti di monitoraggio in tempo reale per ricevere notifiche di ogni transazione.

2. PayPal

PayPal è un sistema di pagamento elettronico molto popolare che offre una protezione aggiuntiva rispetto all'uso diretto di carte di credito. Quando utilizzi PayPal per effettuare acquisti, i tuoi dati bancari non vengono mai condivisi direttamente con il venditore.

Misure di sicurezza con PayPal:

- **Autenticazione a due fattori (2FA)**: Impostare 2FA per l'accesso al tuo account PayPal è fondamentale. Questo offre un ulteriore strato di sicurezza nel caso in cui qualcuno tenti di accedere al tuo account.

- **Protezione acquirente**: PayPal offre una protezione acquirente che ti consente di richiedere un rimborso se il prodotto acquistato non viene consegnato o se è significativamente diverso dalla descrizione.

- **Monitoraggio delle transazioni**: Come per le carte di credito, PayPal ti consente di monitorare le tue transazioni, per cui è fondamentale controllare regolarmente il tuo conto per identificare attività sospette.

3. Cripto valute

Le cripto valute, come Bitcoin, Ethereum e altre, offrono un livello di sicurezza avanzato grazie alla crittografia e alla decentralizzazione. Tuttavia, le transazioni in cripto valute non sono reversibili, il che significa che una volta che una transazione è stata effettuata, non può essere annullata.

Pertanto, è fondamentale prestare molta attenzione quando si inviano pagamenti in cripto valuta.

Protezione con cripto valute:

- **Portafogli sicuri**: Utilizza portafogli sicuri per la gestione delle cripto valute, preferibilmente hardware wallet (portafogli fisici) che offrono una protezione contro il furto online.

- **Autenticazione multi-fattore**: Molti portafogli di cripto valute supportano l'autenticazione a due fattori per proteggere l'accesso al portafoglio e alle transazioni.

- **Reti sicure**: Quando effettui transazioni in cripto valuta, assicurati di essere connesso a una rete sicura (VPN) e di utilizzare solo piattaforme di scambio verificate e affidabili.

Come Effettuare Acquisti Sicuri su Internet

1. Verifica del sito web

Prima di effettuare acquisti online, verifica che il sito web sia sicuro. Cerca il lucchetto verde nella barra degli indirizzi del browser, che indica che il sito utilizza la crittografia HTTPS. Inoltre, controlla la reputazione del sito web attraverso recensioni online o con l'ausilio di piattaforme di monitoraggio delle truffe.

2. Evita le offerte troppo allettanti

Molti siti truffaldini attirano i consumatori con offerte troppo allettanti. Diffida di sconti esagerati o promozioni che sembrano troppo buone per essere vere. Le truffe online spesso utilizzano queste tecniche per attirare vittime credulone.

3. Scegli metodi di pagamento sicuri

- **Carta di credito**: Come già menzionato, l'uso di carte di credito per gli acquisti online è una delle opzioni più sicure, poiché la maggior parte delle carte offre protezione contro le frodi.

- **PayPal**: Usare PayPal come metodo di pagamento è una scelta sicura in quanto non devi condividere i tuoi dati bancari con il venditore.

- **Cripto valute**: Se conosci bene il sistema, le cripto valute possono essere un'opzione sicura, ma bisogna prestare molta attenzione alla piattaforma che utilizzi.

4. Controllo degli estratti conto

Dopo aver effettuato un acquisto, verifica sempre i tuoi estratti conto per assicurarti che la transazione sia stata completata correttamente e senza addebiti fraudolenti.

L'Importanza della Crittografia nei Pagamenti Online

La **crittografia** è una delle principali tecniche per proteggere le transazioni online. La crittografia sicura assicura che i dati sensibili, come numeri di carte di credito e informazioni personali, siano protetti durante la trasmissione.

1. Crittografia SSL/TLS

Quando un sito web utilizza **SSL (Secure Sockets Layer)** o **TLS (Transport Layer Security)**, la connessione tra il tuo browser e il sito è crittografata, il che significa che le informazioni inviate (come dettagli di pagamento) sono protette da occhi indiscreti.

2. Certificato SSL

I siti web sicuri possiedono un certificato SSL, che si riconosce dal lucchetto verde nella barra degli indirizzi. Prima di inserire informazioni di pagamento, assicurati che il sito web abbia un certificato SSL valido.

Monitoraggio delle Transazioni per Evitare Frodi

La **sorveglianza continua** delle tue transazioni è un passo fondamentale per evitare frodi. Ecco come monitorare e proteggere le tue transazioni online:

1. Notifiche in tempo reale

Molte piattaforme di pagamento, come carte di credito, PayPal e servizi bancari online, offrono notifiche in tempo reale per ogni transazione effettuata. Abilita questa funzione per essere avvisato immediatamente di qualsiasi addebito sospetto.

2. Verifica frequente del conto

Controlla regolarmente il tuo estratto conto per individuare eventuali transazioni non autorizzate. Molti istituti bancari offrono anche applicazioni mobili che ti permettono di monitorare le tue transazioni in tempo reale.

Capitolo 8

Sicurezza della Tua Rete Wi-Fi Domestica

Come Configurare un Router Wi-Fi Sicuro

Una rete Wi-Fi domestica non protetta è un obiettivo facile per i criminali informatici, che possono sfruttarla per accedere ai tuoi dispositivi. Ecco come configurare un router Wi-Fi sicuro:

1. Cambia la password predefinita del router

I router spesso arrivano con una password di default che è facile da indovinare. Cambiala immediatamente per una password complessa e unica.

2. Abilita la crittografia WPA3

Assicurati che il tuo router utilizzi il protocollo di sicurezza WPA3 (Wi-Fi Protected Access 3), che è il più sicuro al momento. Evita di utilizzare WPA2 o WEP, che sono vulnerabili agli attacchi.

3. Aggiorna il firmware del router

I produttori di router rilasciano regolarmente aggiornamenti del firmware per correggere vulnerabilità di sicurezza. Mantieni il firmware del tuo router sempre aggiornato per proteggere la tua rete.

Le Migliori Pratiche per Proteggere la Rete Wi-Fi

1. Nascondi il SSID del Wi-Fi

Il SSID è il nome della tua rete Wi-Fi. Puoi configurare il tuo router per nascondere il SSID, rendendo più difficile per gli utenti non autorizzati rilevare la tua rete.

2. Limita l'accesso ai dispositivi autorizzati

Imposta un filtro di accesso per permettere solo ai dispositivi che conosci di connettersi alla tua rete Wi-Fi.

3. Usa una rete separata per gli ospiti

Se hai spesso ospiti, configura una rete Wi-Fi separata per loro, in modo da non compromettere la sicurezza della rete principale.

L'Importanza di Scegliere una Password Complessa per il Wi-Fi

Una **password complessa** è essenziale per proteggere la tua rete Wi-Fi da accessi non autorizzati. La password dovrebbe essere lunga (almeno 12 caratteri) e includere una combinazione di lettere maiuscole, minuscole, numeri e caratteri speciali. Evita di usare parole comuni o informazioni facili da indovinare, come il nome del tuo animale domestico o la tua data di nascita.

Come Evitare Accessi Non Autorizzati alla Tua Rete Domestica

1. Abilita il firewall

La maggior parte dei router moderni include un firewall integrato che aiuta a bloccare il traffico non autorizzato. Assicurati che sia attivo.

2. Monitora i dispositivi connessi

Controlla periodicamente la lista dei dispositivi connessi al tuo router. Se noti dispositivi sconosciuti, cambia immediatamente la password Wi-Fi e disabilita l'accesso per quei dispositivi.

3. Utilizza una VPN domestica

Se vuoi proteggere ulteriormente la tua rete, puoi configurare una VPN (Virtual Private Network) sul tuo router per crittografare il traffico Internet e nascondere la tua attività online.

Capitolo 9

L'Importanza di Aggiornamenti e Patch

Perché Aggiornare Regolarmente Software e Sistemi Operativi

Gli aggiornamenti regolari di software e sistemi operativi sono fondamentali per mantenere i tuoi dispositivi sicuri e protetti dalle minacce digitali. Ogni volta che una vulnerabilità viene scoperta in un programma, i produttori rilasciano una patch di sicurezza per correggere il problema. Se non aggiorni regolarmente il software, lasci i tuoi dispositivi vulnerabili agli attacchi informatici, che possono compromettere la tua privacy, i tuoi dati personali e l'integrità del sistema.

Gli aggiornamenti non riguardano solo la correzione di bug o miglioramenti delle funzionalità, ma includono anche miglioramenti nella sicurezza che sono essenziali per prevenire exploit da parte di hacker. Senza questi aggiornamenti, le vulnerabilità nel software diventano punti di accesso per malware, virus e altre minacce.

Come Configurare gli Aggiornamenti Automatici per la Sicurezza

Per garantire che i tuoi dispositivi siano sempre protetti, è importante configurare gli aggiornamenti automatici. Questo ti consente di ricevere e installare automaticamente le ultime patch di sicurezza non appena vengono rilasciate, senza dover intervenire manualmente.

Come attivare gli aggiornamenti automatici:

1. **Windows**: Vai nelle impostazioni di Windows Update e assicurati che siano attivi gli aggiornamenti automatici. Windows 10 e versioni successive sono configurati per aggiornarsi automaticamente, ma è sempre utile verificare.

2. **MacOS**: Su Mac, apri le "Preferenze di Sistema", clicca su "Aggiornamenti Software" e seleziona l'opzione per installare automaticamente gli aggiornamenti.

3. **Smartphone**: Su Android e iOS, puoi attivare gli aggiornamenti automatici nelle impostazioni del sistema. È possibile abilitare anche gli aggiornamenti delle applicazioni tramite il Google Play Store o l'App Store.

Vantaggi degli aggiornamenti automatici:

- **Protezione continua**: Mantieni il sistema sempre aggiornato con le ultime misure di sicurezza.

- **Comodità**: Non devi preoccuparti di controllare manualmente gli aggiornamenti.

- **Meno rischi**: Con gli aggiornamenti automatici, minimizzi i rischi legati a vulnerabilità non corrette.

Rischi di Non Installare le Patch di Sicurezza

Ignorare gli aggiornamenti di sicurezza può esporre i tuoi dispositivi e le tue informazioni a una serie di pericoli, tra cui:

- **Malware**: I criminali informatici sfruttano le vulnerabilità dei software non aggiornati per diffondere malware, virus e ransomware.

- **Attacchi informatici**: Le vulnerabilità nel sistema operativo o nelle applicazioni possono essere sfruttate da hacker per ottenere l'accesso ai tuoi dati sensibili, come credenziali bancarie, password e informazioni personali.

- **Perdita di dati**: Attacchi come ransomware possono cifrare i tuoi file, impedendoti di accedervi senza pagare un riscatto. Le patch di sicurezza proteggono da questo tipo di minacce.

L'assenza di aggiornamenti è uno dei principali fattori che contribuiscono al successo di molti attacchi informatici. Gli hacker cercano di sfruttare questi "buchi" nel software per accedere ai dispositivi.

Come Gestire gli Aggiornamenti su Dispositivi Mobili

Anche i dispositivi mobili, come smartphone e tablet, richiedono aggiornamenti regolari per garantire la sicurezza. Poiché spesso contengono informazioni personali e possono essere utilizzati per operazioni bancarie o acquisti online, è fondamentale tenerli protetti.

Passi per gestire gli aggiornamenti mobili:

- **Android**: Vai in "Impostazioni" > "Aggiornamenti software" per verificare la disponibilità di nuovi aggiornamenti di sistema. Puoi anche configurare gli aggiornamenti automatici per ricevere automaticamente gli aggiornamenti di sicurezza.

- **iOS**: Su iPhone o iPad, apri "Impostazioni" > "Generali" > "Aggiornamenti software" per controllare la disponibilità di aggiornamenti. Anche i dispositivi Apple possono essere configurati per ricevere aggiornamenti automatici.

Consigli:

- **Mantieni il dispositivo sempre aggiornato**: Gli aggiornamenti di sicurezza per i dispositivi mobili sono essenziali, quindi non trascurarli. Imposta gli aggiornamenti automatici per garantirti che i tuoi dispositivi siano protetti senza dover intervenire manualmente.

- **Verifica le app**: Oltre agli aggiornamenti di sistema, le app devono essere aggiornate regolarmente per correggere eventuali vulnerabilità di sicurezza. Puoi configurare l'aggiornamento automatico delle app sia su Android che su iOS.

In conclusione, aggiornare regolarmente i software, i sistemi operativi e le app è una delle misure di sicurezza più efficaci per proteggere i tuoi dispositivi e i tuoi dati. Le patch di sicurezza correggono le vulnerabilità conosciute e ti permettono di ridurre il rischio di attacchi informatici. Assicurati di abilitare gli aggiornamenti automatici e verifica periodicamente la presenza di nuove versioni per restare sempre protetto.

Capitolo 10

Uso Sicuro di Wi-Fi Pubblici e VPN

I Rischi di Utilizzare Reti Wi-Fi Pubbliche

Le reti Wi-Fi pubbliche sono molto comode, ma comportano rischi significativi per la sicurezza. Queste reti, spesso disponibili in luoghi come caffè, aeroporti, hotel e centri commerciali, sono di solito non protette e quindi facilmente vulnerabili agli attacchi informatici. Alcuni dei principali rischi includono:

1. Attacchi "Man in the Middle" (MITM)

Quando ti connetti a una rete Wi-Fi pubblica, un hacker potrebbe intercettare il traffico tra il tuo dispositivo e il router. Questo attacco, noto come "Man in the Middle", consente all'attaccante di monitorare e manipolare i dati in transito, tra cui le informazioni sensibili come credenziali bancarie, password e dati personali.

2. Falsi Hotspot Wi-Fi

Un altro rischio comune è rappresentato dai cosiddetti "falsi hotspot". Gli hacker creano reti Wi-Fi che sembrano legittime, ma in realtà sono progettate per raccogliere dati da dispositivi che vi si connettono. Se non presti attenzione, potresti connetterti accidentalmente a un hotspot falso, dando all'attaccante accesso alla tua connessione Internet e, in alcuni casi, ai tuoi dati.

3. Infezione da Malware

Le reti Wi-Fi pubbliche non solo possono permettere a un hacker di intercettare i tuoi dati, ma potrebbero anche essere utilizzate per infettare i dispositivi con malware. I cyber criminali possono sfruttare la connessione non sicura per inviare software dannoso ai dispositivi connessi alla rete.

Cos'è una VPN e Come Protegge la Tua Connessione

Una **VPN (Virtual Private Network)** è una tecnologia che crea una connessione sicura e criptata tra il tuo dispositivo e il server VPN, proteggendo il tuo traffico Internet da occhi indiscreti. Quando usi una VPN, i dati che invii e ricevi sono criptati, il che significa che anche se un hacker riesce a intercettare il tuo traffico, non sarà in grado di decifrarlo.

Vantaggi dell'uso di una VPN:

- **Protezione su reti Wi-Fi pubbliche**: La VPN cifra la tua connessione, rendendo sicuro l'uso di reti Wi-Fi pubbliche, proteggendo i tuoi dati da attacchi MITM e falsi hotspot.

- **Anonymity online**: Maschera il tuo indirizzo IP, rendendo più difficile tracciare la tua attività online.

- **Accesso sicuro a contenuti geo bloccati**: Una VPN ti consente di navigare come se fossi in un altro paese, bypassando restrizioni geografiche su contenuti e servizi.

Come Configurare una VPN su Computer e Dispositivi Mobili

1. Configurazione su Computer (Windows e macOS)

- **Windows**: Puoi utilizzare una VPN tramite le impostazioni di rete del tuo sistema operativo. Vai su "Impostazioni" > "Rete e Internet" > "VPN" per aggiungere una connessione VPN. Dopo aver inserito le credenziali del provider VPN, puoi connetterti alla rete protetta.

- **macOS**: Su Mac, vai su "Preferenze di Sistema" > "Network" e seleziona l'opzione per aggiungere una connessione VPN. Inserisci i dettagli forniti dal tuo provider VPN e stabilisci la connessione.

2. Configurazione su Dispositivi Mobili (Android e iOS)

- **Android**: Vai su "Impostazioni" > "Connessioni" > "VPN" e aggiungi una nuova connessione. Inserisci le informazioni del tuo provider VPN e connettiti.

- **iOS**: Su iPhone o iPad, vai su "Impostazioni" > "Generale" > "VPN" e aggiungi una nuova connessione VPN utilizzando i dettagli del provider.

3. App VPN

Molti provider VPN offrono anche applicazioni dedicate per dispositivi mobili e desktop. Queste app semplificano il processo di connessione, offrendoti un'interfaccia intuitiva e possibilità di connessione con un solo clic.

Best Practices per Navigare in Sicurezza su Reti Wi-Fi Non Sicure

Anche quando non puoi utilizzare una VPN, ci sono alcune best practices da seguire per ridurre i rischi quando navighi su reti Wi-Fi non sicure:

1. Evitare l'accesso a informazioni sensibili

Evita di accedere a conti bancari online, acquistare prodotti o inserire password quando sei connesso a una rete Wi-Fi pubblica. Se devi farlo, utilizza una VPN per proteggere la tua connessione.

2. Disabilitare la condivisione di file

Disabilita la condivisione di file e cartelle sul tuo dispositivo quando ti connetti a reti Wi-Fi pubbliche. Questo riduce il rischio che il tuo dispositivo venga sfruttato da altri utenti della rete.

3. Verifica il nome della rete Wi-Fi

Assicurati che il nome della rete Wi-Fi alla quale ti connetti sia legittimo. Se non sei sicuro, chiedi al personale del luogo (hotel, caffè, ecc.) il nome esatto della rete.

Capitolo 11

Difesa contro il Ransomware

Cos'è il Ransomware e Come Funziona

Il **ransomware** è un tipo di malware progettato per bloccare l'accesso a un sistema o ai file di un dispositivo, chiedendo un riscatto per sbloccarli. Una volta che il ransomware infetta il dispositivo, cripta i file in modo che il proprietario non possa più accedervi senza una chiave di decrittazione, che viene fornita solo se il riscatto viene pagato.

I ransomware si diffondono tipicamente tramite email di phishing, siti web compromessi, o vulnerabilità nel software non aggiornato. Una volta che il malware è attivo, può criptare documenti, immagini, database e altri file critici, causando danni significativi a livello personale o aziendale.

Come Proteggersi da Ransomware con Backup Regolari

La miglior difesa contro il ransomware è **avere backup regolari dei dati**. In caso di infezione, se hai un backup dei tuoi file su un dispositivo separato o su una soluzione cloud, puoi ripristinarli facilmente senza dover pagare il riscatto.

1. Backup localizzati e in cloud

- **Backup locali**: Utilizza dischi rigidi esterni o NAS (Network Attached Storage) per creare copie di sicurezza dei tuoi dati importanti. Ricorda che questi dispositivi dovrebbero essere scollegati dal computer quando non in uso, per evitare che anche i backup vengano criptati.

- **Backup in cloud**: Servizi come Google Drive, Dropbox o OneDrive offrono soluzioni cloud sicure per i backup, ma assicurati di avere un sistema di versioning attivo in modo che tu possa recuperare versioni precedenti dei file in caso di attacco.

2. Backup automatici

Molti software di backup offrono opzioni automatiche che possono eseguire copie regolari dei tuoi file. Attiva queste opzioni per garantire che i tuoi dati siano sempre protetti, senza dimenticare di fare un controllo regolare sul loro stato.

Cosa Fare se il Tuo Computer Viene Infettato da Ransomware

Se il tuo computer viene infettato da ransomware, la prima cosa da fare è **non pagare il riscatto**. Pagare non garantisce che i tuoi file vengano decriptati e incoraggia i criminali a proseguire con le loro attività.

Passi da seguire:

1. **Isola il dispositivo**: Disconnetti immediatamente il computer da Internet per impedire che il malware si diffonda ad altri dispositivi.

2. **Avvia una scansione antivirus**: Usa un programma antivirus aggiornato per cercare e rimuovere il malware.

3. **Ripristina i backup**: Se hai backup recenti, ripristina i file da lì. Non usare i backup finché non sei sicuro che il ransomware sia stato rimosso dal sistema.

4. **Contatta le autorità**: Denuncia l'incidente alle forze dell'ordine, che potrebbero avere risorse per aiutarti a gestire il problema.

Strumenti e Software per Decriptare i File Dopo un Attacco

Alcuni tipi di ransomware sono decriptabili grazie a strumenti messi a disposizione da esperti di sicurezza e aziende antivirus. Esistono diversi **strumenti di decrittazione** che puoi scaricare, ma è importante usare solo quelli provenienti da fonti ufficiali e di fiducia.

Alcuni degli strumenti più noti includono:

- **No More Ransom**: Un'iniziativa che offre gratuitamente strumenti di decrittazione per molte varianti di ransomware.

- **Kaspersky Ransomware Decryptor**: Un altro strumento che può essere utilizzato per decifrare alcuni tipi di ransomware.

In ogni caso, la prevenzione resta la miglior difesa contro il ransomware, quindi l'adozione di buone pratiche di sicurezza, come backup regolari e scansioni antivirus, è fondamentale.

Capitolo 12

Protezione da Hacker e Furto di Identità

Come gli Hacker Rubano le Tue Informazioni Personali

Il furto di identità è uno dei crimini informatici più comuni e devastanti, e gli hacker utilizzano varie tecniche per ottenere informazioni personali sensibili. Ecco alcune delle modalità principali:

1. **Phishing**: L'attacco di phishing avviene quando un hacker invia una comunicazione, solitamente un'email, che sembra provenire da una fonte legittima, come una banca o un'azienda, per indurre l'utente a fornire informazioni riservate, come numeri di carte di credito, password o dettagli di conti bancari. I link nelle email di phishing rimandano a siti web che sembrano veri ma sono in realtà progettati per raccogliere dati.

2. **Spear Phishing**: A differenza del phishing generico, lo spear phishing è un attacco mirato a individui specifici. Gli hacker personalizzano le comunicazioni per apparire più credibili, utilizzando informazioni dettagliate raccolte su di loro da social media o altre fonti.

3. **Malware**: Gli hacker possono infettare il tuo dispositivo con malware che raccoglie informazioni personali. Il malware può entrare nel tuo sistema

attraverso allegati email dannosi, download da siti compromessi o vulnerabilità nel software non aggiornato.

4. **Sniffing della Rete**: Quando ti connetti a reti Wi-Fi pubbliche o poco sicure, gli hacker possono utilizzare strumenti per intercettare il traffico di rete e raccogliere informazioni trasmesse senza protezione.

5. **Attacchi Brute Force**: In questo tipo di attacco, un hacker tenta di indovinare una password utilizzando combinazioni di lettere, numeri e simboli in modo sistematico. Se le tue password sono deboli, gli hacker potrebbero riuscire a romperle.

Proteggere il Tuo Dispositivo da Attacchi Hacker

Proteggere il tuo dispositivo è fondamentale per prevenire attacchi hacker. Ecco alcune delle migliori pratiche per farlo:

1. **Installa un Software Antivirus e Antimalware**: Un buon antivirus protegge il tuo dispositivo da malware e altre minacce, rilevando e rimuovendo file dannosi. Mantienilo sempre aggiornato per difenderti dalle ultime minacce.

2. **Aggiornamenti di Sicurezza Regolari**: Molti attacchi hacker sfruttano vulnerabilità nel software. Assicurati che il tuo sistema operativo, le applicazioni e i driver siano sempre aggiornati con le ultime patch di sicurezza.

3. **Disabilita le Condivisioni di Rete Non Necessarie**: Se non stai utilizzando una funzionalità di condivisione di file o stampa, disabilitala. Le

condivisioni di rete aperte possono essere sfruttate da hacker per entrare nel tuo sistema.

4. **Autenticazione a Due Fattori (2FA)**: L'uso della 2FA aggiunge un ulteriore strato di protezione ai tuoi account online. Anche se un hacker ottiene la tua password, non potrà accedere al tuo account senza il secondo fattore di autenticazione (es. un codice inviato via SMS o tramite app).

5. **Firewall**: Un firewall è uno strumento essenziale per bloccare l'accesso non autorizzato al tuo dispositivo. Assicurati che il firewall del tuo sistema sia attivo e correttamente configurato.

6. **Crittografia dei Dati**: La crittografia aiuta a proteggere i tuoi dati rendendoli illeggibili a chiunque non possieda la chiave di decrittazione. Molti sistemi operativi offrono la crittografia dei dischi, che protegge i dati memorizzati sul tuo dispositivo.

7. **Connessioni Sicure**: Utilizza solo connessioni HTTPS per navigare in Internet, in modo da garantire che i dati scambiati siano cifrati e protetti da intercettazioni.

L'Importanza di un Firewall e della Protezione Antivirus

Un firewall è una barriera di protezione tra il tuo dispositivo e Internet. Funziona monitorando il traffico in entrata e in uscita dal tuo dispositivo e bloccando i tentativi di accesso non autorizzato. Può anche bloccare attacchi informatici, come quelli che cercano di sfruttare vulnerabilità del sistema.

L'antivirus, d'altra parte, è progettato per identificare e rimuovere virus e altri tipi di malware che potrebbero danneggiare o compromettere il tuo dispositivo. Oltre a proteggere da virus noti, molti programmi antivirus moderni offrono anche protezione in tempo reale, rilevando potenziali minacce durante la navigazione o l'apertura di file sospetti.

Entrambi questi strumenti sono essenziali per mantenere il tuo dispositivo sicuro. Un firewall impedisce a un hacker di entrare nel tuo sistema, mentre un antivirus lo protegge da minacce interne. Utilizzare entrambi insieme ti offre una protezione a 360 gradi.

Come Monitorare la Tua Identità Online

Il monitoraggio dell'identità online è essenziale per rilevare tempestivamente eventuali violazioni o tentativi di furto. Ecco alcune strategie per proteggere la tua identità digitale:

1. **Servizi di Monitoraggio del Credito**: Utilizza servizi che monitorano il tuo punteggio di credito e ti avvisano in caso di attività sospette, come l'apertura di nuovi account a tuo nome. Questi servizi ti possono anche aiutare a identificare se qualcuno sta tentando di utilizzare le tue informazioni per accedere a prestiti o crediti.

2. **Controllo delle Attività Online**: Periodicamente, controlla le attività sui tuoi account online, come le transazioni bancarie e le modifiche ai tuoi profili sui social media. Se noti qualcosa di sospetto, segnalalo immediatamente.

3. **Verifica le Tua Presenza Online**: Fai una ricerca su Google per vedere che tipo di informazioni

pubbliche sono disponibili su di te. Potresti scoprire che alcune delle tue informazioni personali sono state esposte senza il tuo consenso.

4. **Imposta Notifiche di Sicurezza**: Molti servizi online ti permettono di configurare notifiche di sicurezza, ad esempio, quando un dispositivo non riconosciuto accede al tuo account o quando viene effettuato un login da una posizione geografica insolita.

Capitolo 13

Sicurezza nelle Comunicazioni Online

Come Proteggere le Tue Email e Conversazioni

Le email e le conversazioni online sono un obiettivo primario per gli hacker che cercano di intercettare informazioni personali o aziendali. Ecco come proteggere la tua comunicazione:

1. **Uso di Password Forti**: Le password delle tue email devono essere forti e uniche. Evita di utilizzare parole comuni o informazioni personali facilmente reperibili. Usa una combinazione di lettere maiuscole, minuscole, numeri e simboli.

2. **Autenticazione a Due Fattori (2FA)**: Attiva la 2FA sulle tue caselle email. Questo aggiunge un ulteriore livello di protezione, richiedendo un secondo fattore di autenticazione oltre alla password per accedere al tuo account.

3. **Crittografia delle Email**: Molti servizi email, come Gmail e Outlook, offrono la possibilità di inviare email criptate. La crittografia assicura che solo il destinatario possa leggere il contenuto del messaggio. Usa sempre questa funzione quando invii informazioni sensibili.

4. **Attenzione ai Link Sospetti**: Non cliccare mai su link sospetti nelle email, soprattutto se provengono da

fonti sconosciute. Questi link potrebbero portarti a siti di phishing progettati per rubare le tue credenziali.

5. **Usa Servizi di Email Sicuri**: Considera l'uso di provider di email che offrono crittografia end-to-end, come Proton Mail o Tutanota, che proteggono i tuoi messaggi da occhi indiscreti.

L'Uso della Crittografia nelle Comunicazioni

La crittografia è una delle tecniche più efficaci per proteggere le tue comunicazioni online. Funziona trasformando i dati in un formato illeggibile a meno che non venga utilizzata la chiave di decrittazione corretta. Alcuni esempi di crittografia nelle comunicazioni includono:

- **Email Crittografate**: Molti provider email offrono funzionalità di crittografia end-to-end che proteggono il contenuto delle email.

- **Messaggistica Sicura**: Applicazioni come Signal e WhatsApp offrono crittografia end-to-end per le conversazioni. Ciò significa che solo il mittente e il destinatario possono leggere i messaggi, non anche i provider di servizi o eventuali hacker.

App di Messaggistica Sicura: Come Scegliere Quella Giusta

La scelta di un'app di messaggistica sicura dipende dalle tue esigenze di privacy e sicurezza. Alcune delle app di messaggistica più sicure includono:

1. **Signal**: Riconosciuta per la sua sicurezza, Signal utilizza la crittografia end-to-end per tutti i messaggi e le chiamate. È open-source, quindi il codice è pubblico e può essere verificato da esperti di sicurezza.

2. **WhatsApp**: Sebbene non sia completamente open-source, WhatsApp offre crittografia end-to-end per proteggere le conversazioni, ed è una delle app di messaggistica più popolari al mondo.

3. **Telegram**: Telegram offre messaggi criptati, ma solo nelle conversazioni segrete, quindi è importante assicurarsi che tale modalità sia attivata.

Come Evitare i Pericoli del Social Engineering

Il social engineering è una tecnica che sfrutta la psicologia umana per ottenere informazioni sensibili. Gli hacker possono impersonare una figura di fiducia, come un collega o un amico, per convincerti a rivelare informazioni riservate. Ecco come proteggerti:

1. **Verifica Sempre le Fonti**: Non fornire mai informazioni sensibili via email o telefono senza prima verificare l'identità della persona che ti sta chiedendo questi dati.

2. **Non Cedere alla Pressione**: Gli attacchi di social engineering spesso si basano sulla creazione di un

senso di urgenza. Rifiuta qualsiasi richiesta che sembri sospetta, anche se sembra provenire da una fonte affidabile.

3. **Educazione Continua**: La consapevolezza dei rischi del social engineering e il continuo aggiornamento sulle tecniche usate dai truffatori sono fondamentali per proteggersi.

Capitolo 14

Sicurezza nei Social Media

Proteggere i Tuoi Profili Social da Hacker e Truffatori

I social media sono diventati uno degli strumenti più utilizzati per la comunicazione, l'intrattenimento e il networking professionale. Tuttavia, con la loro diffusione, sono anche diventati bersagli primari per hacker, truffatori e malintenzionati. Ecco come proteggere i tuoi profili social da questi rischi.

1. **Imposta Password Forti**: Le password deboli sono una delle principali cause di accesso non autorizzato ai tuoi profili social. Evita di usare parole comuni, date di nascita o sequenze numeriche facili da indovinare. Scegli una password lunga, con una combinazione di lettere maiuscole, minuscole, numeri e simboli. Utilizza un gestore di password per conservarle in modo sicuro.

2. **Attiva l'Autenticazione a Due Fattori (2FA)**: Molte piattaforme social offrono la possibilità di aggiungere un livello di protezione extra tramite l'autenticazione a due fattori. Quando abilitata, questa funzione richiede un secondo metodo di verifica, come un codice inviato tramite SMS o un'app di autenticazione, oltre alla password.

3. **Controlla l'Attività Sospetta**: Le piattaforme social solitamente forniscono opzioni per monitorare gli accessi ai tuoi account. Verifica regolarmente se ci

sono stati tentativi di accesso da dispositivi o luoghi non riconosciuti. Se noti attività sospette, cambia subito la password e disconnetti dispositivi sconosciuti.

4. **Rimuovi o Limita le App di Terze Parti**: Le app di terze parti che si connettono ai tuoi social media possono essere un punto di vulnerabilità. Limita l'accesso a queste app e revoca le autorizzazioni di quelle che non utilizzi più.

5. **Fai Attenzione ai Link e ai Messaggi Sospetti**: Evita di cliccare su link sospetti o di rispondere a messaggi non richiesti, soprattutto se chiedono informazioni personali o finanziarie. Questo tipo di attacchi è spesso usato per rubare credenziali o per condurre phishing.

Come Configurare le Impostazioni di Privacy su Facebook, Instagram e LinkedIn

Ogni piattaforma social offre opzioni per configurare la privacy del tuo account. È essenziale configurarle correttamente per proteggere le tue informazioni personali da occhi indiscreti. Ecco come farlo sui principali social media.

1. **Facebook**:
    - Vai nelle impostazioni di privacy e scegli chi può vedere i tuoi post (ad esempio, solo amici, solo tu, ecc.).
    - Imposta la visibilità dei dettagli del profilo, come la data di nascita e la posizione, in

modo che siano visibili solo agli amici o nessuno.
- Limita chi può inviarti richieste di amicizia e messaggi, scegliendo se permetterlo a chiunque o solo agli amici degli amici.

2. **Instagram:**
    - Imposta il tuo account come privato, così che solo le persone che approvi possano vedere i tuoi contenuti.
    - Limita la visibilità dei commenti sui tuoi post, permettendo solo agli utenti che segui di commentare.
    - Attiva le notifiche per qualsiasi attività sospetta, come accessi da dispositivi non riconosciuti.

3. **LinkedIn:**
    - Configura le opzioni di visibilità del tuo profilo per limitare cosa può essere visto da chi non è connesso con te.
    - Disabilita l'opzione che permette agli utenti di visualizzare le tue modifiche al profilo.
    - Regola le impostazioni per limitare chi può inviarti richieste di connessione e messaggi.

I Rischi dei Social Media e Come Ridurre la Tua Esposizione

Sebbene i social media offrano molti vantaggi, espongono anche a diversi rischi. I malintenzionati possono utilizzare i tuoi post, commenti e informazioni personali per ottenere dati sensibili o truffare te e i tuoi contatti. Ecco come ridurre la tua esposizione:

1. **Limitare la Condivisione di Informazioni Sensibili**: Non pubblicare mai informazioni sensibili, come numeri di carte di credito, dettagli bancari o password. Evita anche di condividere la tua posizione in tempo reale, soprattutto su piattaforme come Facebook e Instagram.

2. **Rivedere Regolarmente le Connessioni**: Se hai accettato richieste di amicizia o connessione da persone che non conosci bene, considera di rimuoverle. Puoi anche limitare l'accesso ai tuoi contenuti, mostrando solo a un gruppo selezionato di amici o connessioni.

3. **Controllare le App di Terze Parti**: Molte app e giochi su Facebook e Instagram richiedono accesso ai tuoi profili. Assicurati di esaminare e revocare le autorizzazioni per quelle che non usi più.

Evitare Truffe e Attacchi via Social Network

I social media sono uno strumento popolare per attacchi di phishing, truffe e social engineering. Ecco alcuni consigli per evitare di cadere in trappola:

1. **Sospetti Offerte Troppo Belle per Essere Vere**: Se qualcuno ti offre guadagni facili o sconti incredibili via social media, stai attento. Le truffe comuni includono vincite di premi mai ricevuti o offerte di lavoro che sembrano troppo buone per essere vere.

2. **Evita di Rispondere a Messaggi Privati Sospetti**: Molti hacker usano messaggi diretti per ingannare le persone e ottenere dati sensibili. Se ricevi un messaggio che ti sembra sospetto, non rispondere e segnala l'account.

3. **Non Condividere Dati Personali con Strani Messaggi**: Non fornire mai dettagli personali o finanziari in risposta a richieste su social media, anche se il messaggio proviene da una persona che conosci. Gli hacker possono impersonare i tuoi amici per indurti a divulgare informazioni riservate.

Capitolo 15

Protezione dei Dati Personali

Come Proteggere i Tuoi Dati Sensibili Online

I dati sensibili sono informazioni che possono compromettere la tua sicurezza o la tua privacy, come numeri di carte di credito, credenziali bancarie, numeri di identificazione personale e informazioni sanitarie. Proteggere questi dati è cruciale per evitare il furto d'identità e altri crimini informatici. Ecco alcuni consigli su come farlo:

1. **Utilizza la Crittografia**: La crittografia è un modo efficace per proteggere i tuoi dati sensibili. Molti servizi online, tra cui email e messaggistica, offrono crittografia end-to-end, che assicura che solo il destinatario possa leggere le tue informazioni.

2. **Non Condividere Dati Sensibili su Piattaforme Non Sicure**: Evita di inviare informazioni sensibili tramite email o messaggi non protetti, come quelli che non utilizzano la crittografia. Utilizza servizi sicuri e protocolli HTTPS per la trasmissione dei dati.

3. **Imposta Autenticazione a Due Fattori (2FA)**: Per proteggere gli account contenenti dati sensibili (ad esempio, banche online o email), abilita la 2FA, un ulteriore livello di protezione che richiede una seconda verifica oltre alla password.

La Privacy dei Dati: Come Evitare che Vengano Venduti o Rubati

Molte aziende raccolgono e vendono i tuoi dati personali, spesso senza che tu ne sia consapevole. Ecco alcune azioni per proteggere la tua privacy:

1. **Controlla le Politiche sulla Privacy**: Leggi sempre le politiche sulla privacy dei servizi online a cui ti iscrivi. Molti servizi ti permettono di scegliere quali dati raccogliere e come vengono utilizzati.

2. **Evita di Accettare Troppi Consensi**: Quando accetti di usare un'app o un servizio online, spesso ti viene chiesto di accettare una serie di consensi che permettono la raccolta di dati. Considera di selezionare solo quelli strettamente necessari.

3. **Utilizza la Navigazione Anonima o VPN**: Puoi proteggere la tua privacy online utilizzando una VPN (Virtual Private Network) o la modalità di navigazione anonima dei browser. Questi strumenti impediscono che il tuo indirizzo IP venga tracciato.

Importanza dei Servizi di Crittografia per la Protezione dei Dati

La crittografia è fondamentale per garantire che i tuoi dati siano al sicuro da occhi indiscreti, sia quando sono in transito (ad esempio, durante una transazione online) che quando sono memorizzati sui dispositivi. Usare software di crittografia ti permette di proteggere i tuoi dati anche se il dispositivo viene rubato.

Come Monitorare il Furto d'Identità

Il monitoraggio del furto d'identità è cruciale per identificare tempestivamente se i tuoi dati sono stati rubati. Puoi utilizzare servizi che ti avvisano quando vengono utilizzati i tuoi dati, come il tuo numero di carta di credito o il tuo codice fiscale, per aprire conti bancari o fare acquisti fraudolenti. In caso di furto d'identità, è fondamentale agire rapidamente per limitare i danni.

Capitolo 16

Gestione Sicura delle Informazioni Sensibili

Come Proteggere Documenti e File Importanti

I documenti e i file importanti, come i contratti legali, le informazioni fiscali e le credenziali bancarie, devono essere protetti per evitare che vengano rubati o manipolati. Usa le seguenti strategie per mantenere questi file sicuri:

1. **Backup Sicuri**: Assicurati di fare copie di backup regolari dei tuoi file più importanti, preferibilmente su dispositivi esterni o su cloud storage sicuri.

2. **Crittografia dei File**: Usa software di crittografia per proteggere i file sensibili. La crittografia rende i file inaccessibili senza la chiave corretta.

3. **Utilizzo di Password per i Documenti**: Se non puoi criptare un file, almeno proteggilo con una password robusta. Evita di usare la stessa password per più documenti.

La Cifratura dei File: Cosa è e Come Usarla

La cifratura dei file è un processo che converte i dati in un formato incomprensibile per chiunque non possieda la chiave per decifrarli. Usare software di cifratura ti consente di proteggere documenti e file sensibili sia sui tuoi dispositivi che nel cloud.

1. **Software di Crittografia Popolare**: Esistono diverse soluzioni di crittografia, tra cui VeraCrypt, BitLocker (Windows), FileVault (Mac) e strumenti di cifratura online come Tresorit.
2. **Crittografia con Password**: Utilizza una password complessa per cifrare i file. In questo modo, solo chi possiede la password potrà accedere ai file.

Utilizzo di Cloud Storage Sicuri e Protetti

I servizi di cloud storage come Google Drive, Dropbox e OneDrive sono convenienti per l'archiviazione di file importanti. Tuttavia, è essenziale scegliere un servizio che offra crittografia forte e protezione avanzata.

1. **Verifica la Sicurezza del Servizio di Cloud Storage**: Assicurati che il servizio che scegli utilizzi la crittografia per proteggere i file sia in transito che a riposo.
2. **Abilita la 2FA**: Attiva l'autenticazione a due fattori per proteggere il tuo account di cloud storage.

Come Proteggere le Informazioni Bancarie e Aziendali

Le informazioni bancarie e aziendali sono tra i dati più sensibili e vulnerabili al furto. Proteggile utilizzando:

1. **Protezione Antivirus e Firewall**: Installa un antivirus affidabile e configura un firewall per proteggere i tuoi dispositivi.
2. **Crittografia delle Transazioni**: Usa la crittografia SSL quando effettui operazioni bancarie online o quando trasmetti informazioni finanziarie.

3. **Controllo Accessi**: Limita l'accesso alle informazioni sensibili solo a chi ne ha effettivamente bisogno, utilizzando password robuste e autenticazione a più fattori.

Capitolo 17

Prevenire le Truffe con i Dispositivi Mobili

I Pericoli delle App Mobili Non Sicure

Le app mobili sono uno dei maggiori vettori di malware e truffe. Molte app scaricate da fonti non ufficiali o poco conosciute possono contenere software dannosi che mette a rischio i tuoi dati personali. Ecco come evitarlo:

1. **Scarica Solo da Fonti Ufficiali**: Usa sempre i negozi ufficiali come Google Play e App Store per scaricare app, ed evita di fare download da fonti non verificate.

2. **Controlla le Autorizzazioni delle App**: Verifica quali permessi un'app richiede prima di scaricarla. Non concedere accesso alla tua fotocamera, microfono o lista di contatti a meno che non sia strettamente necessario.

3. **Mantieni Aggiornate le App**: Assicurati di aggiornare regolarmente le tue app per ottenere le ultime correzioni di sicurezza.

Come Mantenere Sicuri Smartphone e Tablet

La sicurezza mobile è essenziale per proteggere i tuoi dati. Ecco alcuni consigli:

1. **Imposta una Password o un Codice PIN**: Proteggi il tuo dispositivo con una password, un PIN o un'impronta digitale per evitare accessi non autorizzati.

2. **Attiva il "Trova il Mio Dispositivo"**: Usa strumenti come "Trova il mio iPhone" o "Trova il mio dispositivo Android" per localizzare e bloccare il tuo smartphone in caso di furto o smarrimento.

Proteggere le Informazioni Private nelle App di Messaggistica

Le app di messaggistica possono contenere informazioni sensibili come numeri di telefono e indirizzi. Proteggi le tue conversazioni seguendo queste linee guida:

1. **Usa App con Crittografia End-to-End**: Se possibile, utilizza app come WhatsApp, Signal o Telegram, che offrono crittografia end-to-end per proteggere i tuoi messaggi.

2. **Non Condividere Dati Sensibili nelle Chat**: Evita di inviare informazioni personali, come numeri di carte di credito, via messaggio.

Sicurezza nelle Operazioni Bancarie Mobili

Per effettuare transazioni bancarie sicure tramite dispositivi mobili:

1. **Usa il Servizio di Autenticazione a Due Fattori**: Attiva la 2FA per i tuoi account bancari mobili per aggiungere un ulteriore livello di protezione.

2. **Evita Connessioni Wi-Fi Pubbliche**: Non effettuare transazioni bancarie mentre sei connesso a una rete Wi-Fi pubblica. Usa una connessione sicura, preferibilmente tramite VPN.

Capitolo 18: Prevenzione degli Attacchi di Social Engineering

Cos'è il Social Engineering e Come Evitarlo

Il social engineering è una tecnica utilizzata dagli hacker per manipolare le persone a rivelare informazioni riservate. Gli attacchi di social engineering si basano sulla psicologia, sfruttando la fiducia delle persone. Ecco come proteggerti:

1. **Sii Sospettoso di Richieste Inaspettate**: Se ricevi una richiesta di informazioni sensibili da una fonte non verificata, rifiuta di fornire dati e verifica sempre la veridicità della richiesta.

2. **Non Condividere Dati Sensibili**: Non condividere mai informazioni personali come numeri di carte di credito o codici PIN tramite telefono, email o messaggi.

Riconoscere Tecniche di Manipolazione Psicologica Usate dagli Hacker

Gli hacker utilizzano varie tecniche psicologiche, come l'urgenza, la paura o l'autorità, per indurre le persone a prendere decisioni impulsive. Ecco come evitare di cadere in trappola:

1. **Non Agire Sotto Pressione**: Se un messaggio ti spinge a fare qualcosa rapidamente (ad esempio, trasferire denaro o fornire dati sensibili), fermati e prendi un momento per riflettere.

2. **Verifica Sempre**: Se un hacker si spaccia per un collega o un superiore e ti chiede informazioni riservate, verifica sempre la richiesta attraverso canali ufficiali.

Come Evitare di Cadere in Trappola Durante una Telefonata o Messaggio

1. **Non Rispondere a Richieste Sospette**: Se ricevi una telefonata da qualcuno che chiede dati sensibili, fermati e verifica sempre l'identità della persona. I truffatori spesso si fanno passare per persone di fiducia.

2. **Non Cedere alla Pressione**: Gli attacchi di social engineering funzionano quando la persona bersagliata è sotto pressione. Rimani calmo e verifica sempre prima di fornire qualsiasi informazione.

Conclusione

La protezione dei dati personali e la sicurezza online richiedono vigilanza continua, soprattutto in un'epoca in cui i cybercriminali sono sempre più sofisticati. Adottare buone pratiche di sicurezza e tenersi aggiornati sulle nuove minacce può fare una grande differenza nella protezione delle informazioni sensibili.

Capitolo 19

Monitorare e Rispondere a Incidenti di Sicurezza

Come rilevare se sei stato vittima di un attacco

La rilevazione precoce di un attacco informatico è cruciale per limitare i danni e adottare contromisure tempestive. I segnali di una violazione della sicurezza possono essere vari, ma alcuni dei più comuni includono:

1. **Comportamenti Anomali**: Il sistema o i dispositivi potrebbero iniziare a comportarsi in modo strano, come rallentamenti improvvisi, errori frequenti o applicazioni che non si avviano correttamente.

2. **Accesso Non Autorizzato**: Un altro indicatore è l'accesso ai tuoi account da dispositivi o ubicazioni geografiche insolite. I log di accesso e le notifiche di sicurezza possono fornire indicazioni su attività sospette.

3. **Messaggi di Avviso**: Le soluzioni antivirus o i firewall potrebbero inviare avvisi riguardo a tentativi di intrusione o malware rilevato.

4. **Modifiche Improvvise ai File**: La corruzione di dati o la modifica dei file senza il tuo intervento potrebbe essere segno di un attacco informatico.

5. **Attività di Rete Anomala**: Un picco imprevisto nel traffico di rete può segnalare un attacco DDoS

(Distributed Denial of Service) o una comunicazione non autorizzata con server esterni.

Per rilevare attacchi in modo efficace, è fondamentale avere sistemi di monitoraggio che possano segnalare questi indicatori e consentire risposte rapide.

Strumenti per il monitoraggio della sicurezza informatica

Gli strumenti di monitoraggio della sicurezza informatica sono essenziali per la prevenzione e la rilevazione degli attacchi. Alcuni dei principali strumenti includono:

1. **Sistemi di Intrusion Detection e Prevention (IDS/IPS)**: Questi sistemi monitorano il traffico di rete e le attività del sistema per identificare tentativi di accesso non autorizzati e fermarli prima che causino danni.

2. **Antivirus e Antimalware**: Software progettati per rilevare, bloccare e rimuovere virus, worm e altri tipi di malware.

3. **Firewall**: I firewall monitorano e controllano il traffico di rete in entrata e in uscita, aiutando a prevenire attacchi esterni. Possono essere configurati per bloccare determinate connessioni sospette.

4. **Monitoraggio del traffico di rete**: Software come Wireshark o altri strumenti di analisi del traffico possono rilevare attività di rete sospette, come tentativi di attacchi DDoS, esfiltrazione di dati, o attività da IP sconosciuti.

5. **Soluzioni di Endpoint Detection and Response (EDR)**: Strumenti che monitorano in tempo reale gli

endpoint, come computer e dispositivi mobili, per individuare attività anomale e dannose.

6. **SIEM (Security Information and Event Management)**: Una piattaforma che raccoglie, analizza e correla i dati dai vari dispositivi di sicurezza (firewall, IDS, antivirus) per identificare minacce avanzate.

Cosa fare in caso di violazione della sicurezza

Se sospetti di essere stato vittima di un attacco o di una violazione della sicurezza, è importante agire prontamente per ridurre al minimo i danni:

1. **Isolamento del sistema compromesso**: Disconnetti il dispositivo compromesso dalla rete per evitare che l'attacco si propaga. Se possibile, scollega fisicamente il dispositivo o disattiva la connessione a Internet.

2. **Analizzare i log**: Verifica i log di sistema per cercare eventuali segni di accessi non autorizzati, cambiamenti nei file di sistema o attività sospette.

3. **Notifica agli amministratori di sistema**: Se si tratta di un sistema aziendale o di una rete, notifica immediatamente gli amministratori di sistema o il team di sicurezza informatica.

4. **Contattare i fornitori di servizi**: Se il dispositivo o il sistema compromesso è gestito da un fornitore esterno (ad esempio, un servizio cloud), è fondamentale informare il provider per intraprendere azioni correttive.

5. **Valutare i danni**: Determina la natura e l'estensione della violazione. È possibile che i dati siano stati rubati o distrutti, quindi è essenziale avere una panoramica chiara dell'incidente.

6. **Recupero e ripristino dei dati**: Una volta isolata la minaccia, inizia il processo di recupero dei dati da backup sicuri e ripristina il sistema a uno stato sicuro.

La procedura per ripristinare l'accesso e proteggere i dati

Una volta che l'incidente è stato contenuto, la fase successiva è il recupero dei dati e il ripristino dei sistemi. La procedura ideale include:

1. **Ripristino da Backup**: Se hai backup recenti e sicuri, ripristina i dati compromessi da questi, assicurandoti che siano privi di malware o modifiche dannose.

2. **Verifica l'integrità dei sistemi**: Prima di riattivare qualsiasi sistema, verifica che non siano presenti vulnerabilità o backdoor lasciate dall'attaccante.

3. **Aggiornamenti e patch di sicurezza**: Applica tutte le patch di sicurezza disponibili per evitare che l'attacco si ripeta. Assicurati che tutti i software siano aggiornati, compresi i sistemi operativi, antivirus e firewall.

4. **Modifica delle credenziali di accesso**: Cambia le password e altre credenziali di accesso che potrebbero essere state compromesse. Usa autenticazione a più fattori (MFA) per proteggere gli account.

5. **Monitoraggio continuo**: Continua a monitorare i sistemi per attività anomale, anche dopo aver ripristinato l'accesso. L'attaccante potrebbe aver lasciato delle tracce che potrebbero essere sfruttate in seguito.

6. **Rafforzamento della sicurezza**: Dopo l'incidente, è importante rafforzare le difese per prevenire futuri attacchi. Ciò potrebbe includere l'adozione di tecnologie avanzate di protezione, l'aggiornamento delle policy di sicurezza e l'educazione continua del personale.

Capitolo 20:

Educazione e Consapevolezza sulla Sicurezza Informatica

Come sensibilizzare te stesso e la tua famiglia sulla sicurezza online

La sicurezza informatica non riguarda solo le aziende, ma ogni singolo individuo. Essere consapevoli delle minacce informatiche è essenziale per proteggere la propria privacy e i propri dati. Alcuni suggerimenti per sensibilizzare te stesso e la tua famiglia includono:

1. **Educazione alle minacce comuni**: È importante che tutti siano a conoscenza delle minacce più comuni, come phishing, ransomware e malware. La conoscenza è il primo passo per evitarle.

2. **Sicurezza delle password**: Insegna a te stesso e alla tua famiglia a utilizzare password complesse, uniche per ogni account. L'uso di un gestore di password è altamente raccomandato per tenere traccia delle credenziali in modo sicuro.

3. **Navigazione sicura**: Spiega l'importanza di navigare solo su siti web sicuri (quelli che iniziano con "https") e di non cliccare mai su link sospetti ricevuti via email o messaggistica.

4. **Autenticazione a più fattori (MFA)**: Promuovi l'uso dell'autenticazione a più fattori per aggiungere un ulteriore livello di protezione agli account online.

5. **Controllo parentale e monitoraggio dei dispositivi**: Impostare software di monitoraggio e controllo parentale per proteggere i bambini dalle minacce online è una misura importante, specialmente in un'epoca di social media e giochi online.

L'importanza della formazione continua sulla sicurezza

La sicurezza informatica è un campo in continuo cambiamento, e le minacce evolvono costantemente. Pertanto, è essenziale rimanere aggiornati:

1. **Corsi e certificazioni**: Partecipa a corsi di formazione online e ottieni certificazioni di sicurezza informatica, come quelle offerte da CompTIA, Cisco o altri enti professionali.

2. **Seminari e webinar**: Molti esperti di sicurezza offrono seminari e webinar gratuiti che trattano le ultime minacce e le migliori pratiche di sicurezza.

3. **Riviste e blog di sicurezza**: Segui riviste e blog di sicurezza informatica per essere informato sulle nuove vulnerabilità, sulle tecniche di hacking emergenti e sulle soluzioni di protezione.

4. **Sperimentazione pratica**: La pratica è essenziale. Partecipa a laboratori di simulazione o a eventi "Capture the Flag" (CTF), dove è possibile esercitarsi nella risoluzione di problemi di sicurezza.

Risorse utili per rimanere aggiornati sulle minacce

Alcune risorse che possono essere utili per rimanere informati:

1. **Siti Web di Sicurezza**: Come Krebs on Security, The Hacker News, e BleepingComputer, che forniscono notizie quotidiane sugli incidenti di sicurezza.

2. **Feed di Sicurezza**: Iscriviti a feed RSS da siti di sicurezza che pubblicano aggiornamenti tempestivi su nuove minacce.

3. **Newsletter**: Molti professionisti della sicurezza offrono newsletter settimanali che contengono approfondimenti sui trend emergenti.

4. **Social Media**: Segui account Twitter, LinkedIn, o Reddit, dove esperti di sicurezza e ricercatori condividono notizie e risorse pertinenti.

Capitolo 21

Le Leggi sulla Privacy e la Sicurezza Informatica

Panoramica delle leggi sulla protezione dei dati (GDPR, CCPA, ecc.)

Le leggi sulla privacy sono fondamentali per proteggere i dati personali in un mondo sempre più digitalizzato. Tra le principali normative troviamo:

1. **GDPR (General Data Protection Regulation)**: È la legge europea sulla protezione dei dati personali. Regola la raccolta, l'elaborazione e la conservazione dei dati da parte delle aziende, dando agli utenti il diritto di sapere come vengono usati i loro dati e di chiederne la cancellazione.

2. **CCPA (California Consumer Privacy Act)**: Una legge simile al GDPR, ma applicata in California. Garantisce ai consumatori il diritto di sapere quali informazioni vengono raccolte su di loro, di richiederne l'eliminazione e di impedire la vendita dei loro dati.

3. **HIPAA (Health Insurance Portability and Accountability Act)**: Una legge degli Stati Uniti che protegge la privacy dei dati sanitari, imponendo alle strutture sanitarie di mantenere la riservatezza dei dati dei pazienti.

Come le normative influenzano la protezione dei tuoi dati

Le normative come il GDPR e la CCPA impongono alle organizzazioni di adottare misure rigorose per proteggere i dati personali. Ad esempio:

1. **Trasparenza**: Le aziende devono informare chiaramente gli utenti su come i loro dati vengono raccolti, utilizzati e protetti.

2. **Accesso e Controllo**: Gli utenti hanno il diritto di accedere ai loro dati e di chiedere correzioni o cancellazioni.

3. **Sanzioni**: Le leggi impongono pesanti multe alle aziende che non rispettano le normative, creando così un incentivo a garantire la sicurezza.

Come proteggere i tuoi dati in conformità con la legge

Per essere conformi alle leggi sulla privacy, è importante:

1. **Gestire i Consensi**: Se gestisci dati personali, assicurati di ottenere il consenso esplicito degli utenti per raccogliere e trattare i loro dati.

2. **Limitare l'Accesso ai Dati**: Concedi l'accesso ai dati solo alle persone o ai sistemi che ne hanno effettivamente bisogno per le operazioni aziendali.

3. **Crittografia**: Proteggi i dati sensibili con tecnologie di crittografia, per evitare che vengano letti in caso di accesso non autorizzato.

Cosa fare se i tuoi diritti vengono violati

Se ritieni che i tuoi diritti siano stati violati, come nel caso di una violazione dei dati, dovresti:

1. **Segnalare l'incidente alle autorità**: Puoi segnalarlo all'autorità di protezione dei dati del tuo paese, come il Garante Privacy in Italia o la Commissione per la Protezione dei Dati del Regno Unito.

2. **Richiedere il risarcimento**: In caso di danni finanziari o danni alla reputazione, hai il diritto di richiedere un risarcimento.

Capitolo 22

Il Futuro della Sicurezza Informatica

Le nuove minacce che ci aspettano nel futuro

Il panorama della sicurezza informatica è in continua evoluzione. Le nuove minacce includono:

1. **Attacchi basati sull'intelligenza artificiale**: L'uso dell'AI da parte degli hacker per automatizzare gli attacchi e adattarsi più velocemente agli strumenti di difesa rappresenta una sfida crescente.

2. **Attacchi alla supply chain**: Hacker che penetrano nelle reti di terze parti per compromettere i sistemi delle aziende.

3. **Attacchi ai dispositivi IoT**: Con l'aumento dell'Internet delle Cose, gli attacchi mirati ai dispositivi connessi (telecamere, termostati, ecc.) sono destinati a crescere.

Come le tecnologie emergenti (AI, Blockchain) stanno cambiando la cyber security

1. **AI nella Sicurezza**: L'intelligenza artificiale viene utilizzata per rilevare anomalie, analizzare grandi volumi di dati e rispondere agli attacchi in tempo reale.

2. **Blockchain per la sicurezza**: La blockchain può migliorare la protezione dei dati, in quanto

consente di creare registri immutabili che impediscono la modifica fraudolenta dei dati.

Come prepararsi alle minacce future: proattività e innovazione

Per affrontare le minacce future, è necessario adottare un approccio proattivo, che includa:

1. **Sviluppare competenze**: Investire nella formazione continua del personale per rimanere al passo con le nuove tecnologie e minacce.

2. **Sperimentazione e innovazione**: Esplorare nuove soluzioni tecnologiche come AI e blockchain per rafforzare le difese contro le minacce emergenti.

3. **Test di resilienza**: Eseguire regolari test di vulnerabilità e simulazioni di attacco per migliorare la preparazione agli incidenti.

Capitolo 22

Il Futuro della Sicurezza Informatica

Le nuove minacce che ci aspettano nel futuro

Con l'evolversi delle tecnologie e l'aumento della connettività globale, il panorama delle minacce informatiche diventa sempre più complesso. Le nuove minacce si stanno rapidamente evolvendo, e il futuro della sicurezza informatica si concentrerà su attacchi più sofisticati e difficili da rilevare. Alcuni degli sviluppi emergenti includono:

1. **Attacchi basati sull'intelligenza artificiale (AI)**: I criminali informatici stanno sempre più utilizzando l'AI per automatizzare e perfezionare gli attacchi. Gli algoritmi di machine learning possono essere impiegati per analizzare vulnerabilità, predire comportamenti difensivi e creare malware più mirati e difficili da rilevare.

2. **Attacchi alla supply chain**: Gli hacker possono sfruttare vulnerabilità nei fornitori esterni o nelle infrastrutture condivise. Con il crescente uso di tecnologie di terze parti, questi attacchi stanno diventando una delle minacce più gravi, poiché compromettere un partner può avere effetti devastanti su tutta la rete.

3. **Attacchi ai dispositivi IoT**: Con la crescente diffusione dei dispositivi connessi (come telecamere, termostati e altri gadget intelligenti), i

criminali informatici mirano a sfruttare le vulnerabilità di questi dispositivi, che spesso non sono protetti adeguatamente, per entrare nelle reti aziendali o domestiche.

4. **Attacchi avanzati a livello di rete**: Gli attacchi a infrastrutture critiche, come le reti energetiche e quelle sanitarie, sono sempre più sofisticati e mirano a danneggiare i sistemi fondamentali per il funzionamento della società.

Come le tecnologie emergenti (AI, Blockchain) stanno cambiando la cyber security

Le tecnologie emergenti, in particolare l'intelligenza artificiale (AI) e la blockchain, stanno avendo un impatto significativo sulla sicurezza informatica:

1. **Intelligenza Artificiale**: L'AI viene utilizzata per migliorare la rilevazione delle minacce, automatizzare la risposta agli incidenti e rafforzare la difesa contro attacchi avanzati. Le tecniche di machine learning possono analizzare enormi volumi di dati e identificare comportamenti anomali in tempo reale, migliorando la velocità di risposta agli attacchi. Inoltre, l'AI viene utilizzata anche per predire nuove minacce, anticipando attacchi prima che si verifichino.

2. **Blockchain**: Questa tecnologia, nota per essere alla base delle cripto valute, offre un potenziale enorme per migliorare la sicurezza dei dati. Grazie alla sua natura decentralizzata e immutabile, la blockchain può essere utilizzata per creare registri sicuri e protetti contro manomissioni. Le applicazioni blockchain possono essere utilizzate per la gestione

sicura delle identità digitali, la protezione delle transazioni e la conservazione dei dati sensibili.

Come prepararsi alle minacce future: proattività e innovazione

Le organizzazioni devono essere proattive per affrontare le minacce emergenti. Ecco come prepararsi:

1. **Formazione continua e aggiornamenti costanti**: La formazione delle persone è cruciale. Poiché le minacce evolvono rapidamente, è essenziale che i professionisti della sicurezza siano costantemente aggiornati sulle nuove vulnerabilità e sugli strumenti emergenti per combatterle. La sensibilizzazione degli utenti e la formazione sui rischi legati a phishing e attacchi mirati sono altrettanto importanti.

2. **Investire in soluzioni di sicurezza avanzate**: L'adozione di tecnologie avanzate come AI e blockchain deve essere integrata nella strategia di sicurezza. Le organizzazioni dovrebbero investire in strumenti di analisi predittiva basati su AI, capaci di rilevare attacchi prima che si verifichino, e in soluzioni basate su blockchain per proteggere la proprietà intellettuale e i dati sensibili.

3. **Collaborazione e condivisione delle informazioni**: La collaborazione tra aziende, governi e istituzioni è fondamentale. Condividere informazioni sulle minacce e sulle vulnerabilità consente di rispondere rapidamente a nuove sfide. Le piattaforme di intelligence sulle minacce, che permettono di

scambiare dati in tempo reale tra organizzazioni, sono diventate essenziali per proteggere le infrastrutture critiche.

4. **Sviluppo di un piano di risposta agli incidenti**: Prevenire gli attacchi non è sempre possibile, quindi è fondamentale avere un piano di risposta agli incidenti ben definito. Le organizzazioni devono essere pronte a contenere e risolvere le violazioni in modo rapido ed efficiente, riducendo al minimo i danni e il tempo di inattività.

In sintesi, mentre le minacce informatiche continueranno a evolversi, l'adozione di nuove tecnologie, unita a un approccio proattivo alla sicurezza e alla formazione continua, è fondamentale per proteggere le informazioni e le risorse in un mondo sempre più interconnesso.

Conclusioni

Riassunto delle principali misure di protezione

Nel corso di questo libro, abbiamo esplorato le principali misure di protezione per la sicurezza informatica, con l'obiettivo di aiutarti a difendere i tuoi dati e la tua privacy online. Tra le principali pratiche di sicurezza, ricordiamo:

1. **Uso di password forti e uniche**: La gestione delle credenziali è essenziale. Utilizzare password complesse, insieme all'autenticazione a più fattori (MFA), è uno dei primi passi per proteggere gli account online.

2. **Aggiornamenti regolari**: Mantenere aggiornati tutti i dispositivi, software e applicazioni è cruciale per correggere vulnerabilità note e prevenire attacchi.

3. **Backup dei dati**: Eseguire regolarmente backup dei dati importanti e garantirne la sicurezza attraverso criptazione è una pratica fondamentale in caso di attacchi come ransomware.

4. **Protezione della rete e dei dispositivi**: L'uso di firewall, antivirus e sistemi di monitoraggio di rete aiuta a rilevare e fermare attività sospette. Inoltre, l'uso di una rete VPN può proteggere la tua connessione Internet.

5. **Educazione e consapevolezza**: Essere sempre vigili nei confronti dei tentativi di phishing e di altri attacchi mirati, nonché informarsi sulle ultime minacce, è fondamentale per prevenire i rischi legati alla sicurezza.

La sicurezza come parte della nostra vita quotidiana

Oggi, la sicurezza informatica non è più un aspetto secondario o riservato solo alle grandi aziende, ma è una necessità che riguarda tutti, ogni giorno. Le nostre vite digitali sono strettamente intrecciate con le attività quotidiane, dall'uso dei social media alla gestione delle informazioni bancarie e professionali. Pertanto, la sicurezza deve diventare una parte integrante della nostra routine:

- **Prudenza nelle interazioni online**: Cliccare su link sospetti, ignorare le avvertenze di sicurezza o lasciare dispositivi non protetti può esporre noi e i nostri dati a gravi rischi.

- **Protezione delle informazioni personali**: Condividere consapevolmente le informazioni personali, limitando i dati sensibili su piattaforme online, è una misura preventiva importante.

- **Sicurezza nelle transazioni online**: Adottare sistemi di pagamento sicuri e verificare la sicurezza dei siti web (certificati SSL) riduce il rischio di frodi e furti d'identità.

Come continuare a proteggere te stesso nel mondo digitale

Il mondo digitale evolve rapidamente, e per questo la protezione dei tuoi dati deve rimanere una priorità. Per continuare a proteggerti, è essenziale mantenere un approccio proattivo alla sicurezza:

1. **Aggiornamenti costanti e formazione continua**: Rimani aggiornato sulle minacce emergenti e sui nuovi strumenti di sicurezza. La formazione continua è uno dei modi più efficaci per proteggere te stesso da attacchi sempre più sofisticati.

2. **Monitoraggio continuo**: Usa strumenti di monitoraggio della sicurezza per rilevare comportamenti anomali o tentativi di accesso non autorizzato. La sicurezza non è mai un obiettivo statico, ma un processo dinamico che richiede attenzione costante.

3. **Protezione dei dispositivi mobili**: Con l'uso crescente dei dispositivi mobili, proteggere i propri smartphone e tablet con password, crittografia e antivirus è diventato indispensabile.

4. **Attività consapevole sui social media**: Controlla e limita le informazioni che condividi sui social media. Le informazioni personali possono essere sfruttate da attaccanti per creare attacchi mirati, come il social engineering.

In conclusione, la sicurezza informatica è una responsabilità che riguarda ogni singola persona. Adottare misure preventive, rimanere vigili di fronte ai rischi e migliorare costantemente le proprie conoscenze sono passi fondamentali per navigare in sicurezza nel mondo digitale. Proteggere te stesso oggi è il primo passo per proteggerti domani.

Appendice

Glossario dei Termini di Sicurezza Informatica

Il glossario contiene definizioni chiave di termini utilizzati nella sicurezza informatica, spesso complessi ma essenziali per comprendere i concetti trattati.

1. **Autenticazione**: Il processo di verifica dell'identità di un utente, dispositivo o sistema. Può includere password, impronte digitali o riconoscimento facciale.

2. **Autorizzazione**: Una volta autenticato, l'utente riceve permessi o accesso a risorse specifiche del sistema, come file o applicazioni.

3. **Malware**: Un termine generico che si riferisce a software dannoso progettato per danneggiare, rubare o ottenere accesso non autorizzato a sistemi informatici. Include virus, trojan, spyware e ransomware.

4. **Phishing**: Un attacco informatico che cerca di ottenere informazioni sensibili (come credenziali di accesso o dati bancari) inducendo l'utente a fornire tali informazioni tramite email o siti web falsi.

5. **Ransomware**: Un tipo di malware che crittografa i dati di un sistema e richiede un riscatto per decriptarli. È una delle minacce informatiche più gravi.

6. **Firewall**: Un sistema di sicurezza che monitora e controlla il traffico di rete in entrata e in uscita. Può essere hardware o software e aiuta a proteggere i dispositivi da accessi non autorizzati.

7. **Crittografia**: La tecnica di protezione dei dati che converte le informazioni leggibili in un formato cifrato, leggibile solo con una chiave di decrittazione.

8. **Vulnerabilità**: Un punto debole in un sistema che può essere sfruttato da un attaccante per compromettere la sicurezza. Le vulnerabilità possono essere software, hardware o legate ai processi.

9. **Social Engineering**: Un tipo di attacco che manipola gli individui affinché rivelino informazioni sensibili o compiano azioni dannose, sfruttando la fiducia umana anziché vulnerabilità tecniche.

10. **Zero-Day**: Una vulnerabilità che è sconosciuta al produttore del software o ai difensori al momento del suo exploit da parte di un attaccante. I "Zero-Day" sono particolarmente pericolosi perché non esistono ancora patch di sicurezza.

11. **Intrusione**: L'accesso non autorizzato a un sistema informatico, che può essere utilizzato per raccogliere dati sensibili, distruggere informazioni o alterare il funzionamento del sistema.

12. **Botnet**: Una rete di dispositivi compromessi da malware e controllati da un attaccante per scopi dannosi, come l'invio di spam, l'esecuzione di attacchi DDoS (Distributed Denial of Service) o il furto di dati.

13. **Backup**: Una copia di sicurezza di dati importanti, che può essere utilizzata per ripristinare il sistema

in caso di danni, perdita di dati o attacchi come ransomware.

14. **Spear Phishing**: Una forma di phishing altamente mirata che prende di mira specifiche persone o aziende con email personalizzate, aumentando le probabilità di successo rispetto al phishing generico.

15. **DDoS (Distributed Denial of Service)**: Un attacco che mira a sovraccaricare un sistema o una rete di computer con un'enorme quantità di traffico, causando l'indisponibilità del servizio.

16. **SIEM (Security Information and Event Management)**: Un sistema che raccoglie, analizza e risponde agli eventi di sicurezza, aiutando a rilevare e rispondere rapidamente a incidenti di sicurezza.

17. **Hacker**: Una persona che si occupa di esplorare e manipolare sistemi informatici, a volte con intenti dannosi. Un "white-hat hacker" è un esperto di sicurezza che lavora per proteggere i sistemi, mentre un "black-hat hacker" agisce illegalmente.

18. **Trojan Horse**: Un tipo di malware che si maschera come un software legittimo per ingannare l'utente, permettendo all'attaccante di infiltrarsi nel sistema.

19. **Access Control**: Meccanismi di sicurezza che determinano chi può accedere a determinati sistemi o risorse, basati su permessi definiti da amministratori o policy di sicurezza.

20. **Patch**: Un aggiornamento del software progettato per correggere bug, vulnerabilità di sicurezza e migliorare le prestazioni.

21. **Breach**: Una violazione della sicurezza che comporta l'accesso non autorizzato o la perdita di dati sensibili.
22. **Data Loss Prevention (DLP)**: Sistemi progettati per monitorare e proteggere i dati da accessi non autorizzati, perdite o fughe, impedendo che vengano trasferiti o esfiltrati.

Domande Frequenti (FAQ)

1. **Cos'è la sicurezza informatica?** La sicurezza informatica si riferisce alla protezione di sistemi informatici, reti e dati da attacchi, danni, accessi non autorizzati e altre minacce. Comprende misure preventive, come antivirus, firewall, crittografia e politiche di sicurezza.

2. **Perché dovrei preoccuparmi della sicurezza online?** La sicurezza online è importante per proteggere la tua privacy, i tuoi dati sensibili (come informazioni bancarie, credenziali di accesso) e per prevenire furti d'identità e danni economici. Gli attacchi informatici possono avere gravi conseguenze, sia a livello personale che aziendale.

3. **Cosa significa essere "hackerato"?** Essere hackerato significa che un attaccante è riuscito a ottenere accesso non autorizzato ai tuoi sistemi o dati, compromettendo la tua sicurezza e privacy. Può avvenire tramite malware, phishing o sfruttando vulnerabilità nei tuoi dispositivi.

4. **Cos'è un attacco di phishing?** Un attacco di phishing è una tecnica utilizzata dai cyber criminali per ingannare le persone e far loro rivelare informazioni

sensibili, come password e numeri di carte di credito. Viene tipicamente realizzato tramite email o siti web falsificati che sembrano legittimi.

5. **Che cos'è la crittografia e come aiuta la sicurezza?** La crittografia è una tecnica che converte i dati in un formato illeggibile senza una chiave di decrittazione. Viene utilizzata per proteggere la privacy dei dati e prevenire accessi non autorizzati, in modo che solo chi possiede la chiave corretta possa accedere alle informazioni originali.

6. **Cos'è un firewall e come funziona?** Un firewall è una barriera di sicurezza tra un sistema informatico o una rete e il mondo esterno. Filtra il traffico di rete in entrata e in uscita per impedire accessi non autorizzati, bloccando comunicazioni dannose o sospette.

7. **Cosa sono i ransomware e come posso proteggermi?** I ransomware sono malware che criptano i tuoi file e chiedono un riscatto per decriptarli. Per proteggerti, è importante avere un backup regolare dei dati, mantenere il software aggiornato e utilizzare strumenti di sicurezza come antivirus e firewall.

8. **Come posso sapere se il mio sistema è sicuro?** Per determinare la sicurezza del tuo sistema, dovresti eseguire regolari scansioni antivirus, controllare le vulnerabilità note, assicurarti che i tuoi software siano aggiornati e attivare misure come l'autenticazione a più fattori per i tuoi account online.

9. **Cosa significa "zero-day"?** Un "zero-day" è una vulnerabilità di sicurezza non ancora conosciuta dal produttore del software o da esperti di sicurezza. Queste vulnerabilità sono particolarmente pericolose poiché non esistono ancora patch per correggerle.

10. **Cos'è l'autenticazione a due fattori (2FA)?** L'autenticazione a due fattori è un metodo di sicurezza che richiede due forme di verifica per accedere a un account. Di solito, combina qualcosa che conosci (la tua password) con qualcosa che possiedi (un codice temporaneo inviato tramite SMS o un'app).

Risorse utili e link per ulteriori approfondimenti

1. **Siti Web e Blog**
    - **OWASP (Open Web Application Security Project):** https://owasp.org - Risorse sulla sicurezza delle applicazioni web.
    - **Krebs on Security:** https://krebsonsecurity.com - Blog di sicurezza informatica di Brian Krebs, un esperto del settore.
    - **SANS Institute:** https://www.sans.org - Fornisce formazione e risorse su sicurezza informatica e gestione delle minacce.

2. Organizzazioni e Comunità

- **CISA (Cyber security and Infrastructure Security Agency)**: https://www.cisa.gov - Agenzia governativa statunitense per la protezione delle infrastrutture critiche.

- **NIST (National Institute of Standards and Technology)**: https://www.nist.gov - Sito che fornisce standard e linee guida per la sicurezza informatica.

2. Strumenti di Sicurezza

- **Wireshark**: https://www.wireshark.org - Uno degli strumenti di analisi del traffico di rete più usati.

- **Malwarebytes**: https://www.malwarebytes.com - Strumento antivirus e di rimozione malware.

www.ingramcontent.com/pod-product-compliance
Lightning Source LLC
Chambersburg PA
CBHW071034240526
45469CB00006BD/2200